»Ariadne auf Naxos! Dannecker!« schwärmte Robert Schumann 1829 vor dem »höchsten, schönsten Ideal einer Frau, die ein schäumendes Panthertier unter ihren Händen zähmt«. Die im 19. Jahrhundert berühmteste deutsche Skulptur wurde den »gepriesensten Kunstwerken des griechischen Meißels« gleichgestellt, als Sinnbild der Kunst (»Schönheit bezähmt Wildheit«) gefeiert, als Frauenakt genossen und karikiert, zehntausendfach als Porzellanfigur, Spielkarte, Souvenirknopf verbreitet. Wie erscheint uns »Ariadne auf dem Panther« heute: als Rettung der Antike, als Manifest des Klassizismus, als Wegmarke der Moderne – oder als Andachtsbild einer neuen Trivialkultur? Einige Reflexionen über das 19. Jahrhundert bringen uns der Antwort näher: Weshalb Dannecker den Gott Dionysos in eine nackte Reiterin verkehrte; wie »Ariadne«, als Rückenakt gesehen, ambivalent Männerglück und Frauenmacht verhieß; wie das Bild der Frau zugleich dämonisiert und zum Wunsch- und Traumkitsch versüßt wurde.

Ivan Nagel, geboren 1931, studierte Philosophie und Literaturwissenschaft in Paris, Heidelberg, Frankfurt/M. Er war Chefdramaturg der Münchner Kammerspiele, Theater- und Musikkritiker der Süddeutschen Zeitung, Intendant des Deutschen Schauspielhauses in Hamburg, Präsident des Internationalen Theater-Instituts (UNESCO), Begründer der Festspiele »Theater der Welt«, Kulturkorrespondent der Frankfurter Allgemeinen Zeitung in New York, Intendant des Staatsschauspiels in Stuttgart. Seit 1987 Professor für Geschichte und Ästhetik der darstellenden Künste an der Hochschule der Künste Berlin. Bücher: »Autonomie und Gnade. Über Mozarts Opern« (1985); »Gedankengänge als Lebensläufe. Versuche über das 18. Jahrhundert« (1987); »Kortner Zadek Stein« (1989).

Johann Heinrich Dannecker Ariadne auf dem Panther

Zur Lage der Frau um 1800

Von Ivan Nagel

Fischer Taschenbuch Verlag

kunststück
Begründet von Klaus Herding
Herausgegeben von Michael Diers

Frontispiz: Johann Heinrich Dannecker, Selbstbildnis.
Gips, bronzefarben gefaßt. 1796. 74,5 cm hoch.
Stuttgart, Staatsgalerie
Umschlagrückseite: Johann Adam Ackermann, Ariadne.
Aquarell. 1817. Frankfurt/M., Historisches Museum

Grafische Konzeption:
Max Bartholl und Christoph Krämer
Lektorat: Wolfgang Balk
Bildredaktion: Sabine Behrends
Originalausgabe
Veröffentlicht im Fischer Taschenbuch Verlag GmbH,
Frankfurt am Main, Dezember 1993

Satz und Druck: Wagner GmbH, Nördlingen
Bindung: G. Lachenmaier, Reutlingen
Printed in Germany
ISBN 3-596-23969-9

Zur Einführung

Wie Ariadne, von Theseus verlassen, auf ihrem Felsen schläft, zeigt uns eine einzigartige antike Statue. Wie Dionysos, ihr Erwecker und Freier, auf seinem Panther galoppiert, zeichneten zahllose alte Grabreliefs, Mosaiken, Vasen, Münzen einander nach. Danneckers Standbild von 1803–14 will aber etwas Neues zeigen, fast mit dem Zeigestock bezeichnen: Ariadne, die auf dem Panther des Dionysos reitet und ruht. *Sie* mit *seinem* Attribut. – Dieser Widerspruch wurde das Bezeichnende für die Gruppe. Seine Irritation streut um ihre Marmormasse allerdings einen ganzen Dunstkreis von disparaten Zeichen: Sinnvorschläge zwischen hehrem Ideal und unaustilgbarer Obszönität. *Sie auf dem Es des Er:* Die nackteste Formel des Bildes flüstert uns Mythen wie Zoten ein – unter denen die offiziöse Fassung »*Ariadne auf dem Panther [des Dionysos]*« fast schon harmlos, verharmlosend wirkt.
Man erwarte von unserer Deutung nicht, daß sie diesen Kreis der Vieldeutigkeit, der herandrängenden, sich überlappenden Zweideutigkeiten immer enger zieht, um schließlich auf des Standbilds einzig wahre, marmorn unbewegte Bedeutung zu kommen. Die Wahrheit von Danneckers Trivialidol muß mitkreisen im neuen Mänadenreigen der *Frauenwunschbilder, -angstbilder*: all jener Reitenden oder Ruhenden, die nach 1800 weder Klassizismus noch Verbürgerlichung mehr in einen klaren Bildsinn zwängen, in ein abgeklärtes Sinnbild bannen konnten. Ja, gerade aus der wirbelnden Prozession tausender Frauenbilder, als deren Vorreiterin »Ariadne« ins 19. Jahrhundert zog, heben sich beide Prozesse hervor, die zum Neuen führen: der Verfall der Symbolform, die Emanzipation der Lebensmächte.

1 *Biscuit-Porzellan, H: 15,0 cm. Aus dem Nachlaß Fr. Th. Vischers. Ludwigsburg, Städtisches Museum*

2 *Vergoldete Bronze aus fünf verschraubten Einzelstücken, H: 33,5 cm. Stuttgart, Privatbesitz*

Als *Wahrzeichen des 19. Jahrhunderts* wurde »Ariadne« immer schon gesehen. Hundert Jahre lang als Genietat gefeiert, seit hundert Jahren als Kitsch verdächtigt – niemals lebte sie bei sich, stets in der Fremde einer erst rasend identifikatorischen, dann angewidert mißtrauischen Rezeption. Ihr Schicksal war der jähe Stilsprung um 1800: Sie vollzog ihn an sich selbst als den Bruch zwischen Tonskizze (1803) und Marmorbild (1804–14) *(Falttafel 1–4)*. In den Ruhm und Zwang, Leitbild für eine fremde Zeit zu sein, teilte sich Danneckers Werk mit dem seines Schulfreunds Schiller: doch ohne dessen Kraft, das Kommende im Guten und Üblen mitzuschaffen – und auch noch heil zu überstehen. Das Schicksal der Statue, Zeitenwende, schlug als dumme Vergeltung zu: Hatte das Marmorbild 1804 im Auftrag des Neuen die Skizze ausgelöscht, so wurde es nach 1900 im Namen der Moderne liquidiert.[1]

3 *Umrißstich aus einer Serie mit vier Ansichten der Statue*

4 *Schraubmedaille als Frankfurter Souvenir. Pappe gepreßt, Stanniolüberzug, ∅ 4,5 cm. Frankfurt/M., Historisches Museum*

5 *Spielkarte (Herz-As); Kupferstich, koloriert; französisch beschriftet für Touristen und Export. Frankfurt/M., Historisches Museum*

Denn *nicht als Moderne* will Danneckers Ariadne-Imago vom Mythos des Dionysos abweichen, sich der Überlieferung des Pantherreiters entgegenstellen – sondern kraft ihrer schlagenden Evidenz *als Urbild*: wiedergefundener, neu erfundener (oder gefälschter) Archetypus. »Ariadne« fesselte jeden ersten (Männer-)Blick süß-robust als Immer-schon-Gekanntes; das empfahl ihre Reize für hunderttausendfache Vervielfältigung. Sie stand in Bronze und Eisen gegossen, in Porzellan gebrannt, Pappmaché gepreßt auf den Bücherborden schwäbischer Philosophen, in den Vitrinen jüdischer Bankiers; sie war als Kunstdruck, Spielkarte, Souvenirknopf erhältlich *(Abb. 1–5)*. Ihre wunderliche Wirkungs- und Vermehrungskraft soll hier mitbedacht statt bespöttelt und verdrängt werden.

Einige Interessen, die sich damit andeuten, werden durch alle Phasen unserer Befragung des Bildes gehen. Was ist der Titel »Ariadne auf dem Panther« dem Figurenpaar: sein Wesen, bloß Anlaß, gar Alibi? Behaupten (oder verstecken) Frau-und-Tier eine eigene Herkunft aus der Antike? Haben sie eine besondere Botschaft, Macht um 1800? Was lockte oder zwang Dannecker, den reitenden Gott in eine reitende Frau zu verkehren? Was erschien den Zeitgenossen, Nachgeborenen an seinem Zwang so zwingend? Bot »Ariadne« ihren Verehrern a) Menschenschönheit in Halbgöttingestalt, b) eine Allegorie der Kunst, c) einen Frauenakt, d) das Andachtsbild einer neuen Trivialkultur? Sehen wir sie heute als a) Rettung der Antike, b) Manifest des Klassizismus, c) Wegmarke der Moderne, d) Entdeckung des Kitsches?

Bildidee wie *Figurenmaterial* der »Ariadne auf dem Panther« gelten seit je als Johann Heinrich Danneckers eigenständige, alleinige Erfindung. Die im 19. Jahrhundert berühmteste deutsche Plastik wurde im Streit zwischen Nachahmungs- und Genieästhetik doppelt gefeiert: »mit antikem Geist geformt« – doch »keiner Antike nachgeformt«[2]. Sooft Dannekker sich von Wohlgesinnten authentisch auslegen, panegyrisch preisen lassen konnte, festigte sich dieses Doppellob von Klassizität und Originalität nachgerade zum Gütesiegel für sein Schaffen, zur Gebrauchsanweisung für dessen Rezeption. Die Deklamatorin, Mimin Elise Bürger jubelte in hinkendem Sonettmaß vor dem Haupt- und Meisterwerk: »O wiederkehrst du, Zeit des ewig Schönen?«[3] Cottas »Morgenblatt für gebildete Stände« (dessen Kunstredaktion Danneckers Schwager und Promoter Heinrich Rapp an sich gezogen hatte) bejahte 1808 ihre Frage, dozierend für bürgerliche Leseeliten: »Diese Ariadne allein würde Dannecker den Phidias, Kleomenes und Praxiteles zugesellen, und wäre sie unter Ruinen gefunden worden, sie würde unter den gepriesensten Kunstwerken des *griechischen Meißels* einen hohen Rang behaupten.«[4] »So hohe Ehre« gebührte aber, wohlgemerkt: »dem *deutschen Genie und Meißel.*«

Das Lob aufs Deutsche begann, patriotischem Aufbruch gemäß, ins Denkmodell antikisch/modern einzudringen. Der Doppelanspruch der »Ariadne« auf Zeitlosigkeit und Gegenwärtigkeit wurde darum nicht aufgegeben – eher hysterisch übersteigert. Rapp schloß 1817 seine erneute Hymne auf das Marmorbild schon mit neumodisch prahlendem Bombast: »Sollen wir, wie unmündige Schwächlinge, allein den entflohenen Zeiten huldigen und fremden Gestalten darum Weihrauch streuen, weil man uns das steife Wort ›Antik‹ zuschreit? Nein, auch unsere Zeiten müssen ihren antiquarischen Wert in sich tragen, und wenn wir alle längst in Staub aufgelöst sind, noch auf eine entfernte Nachwelt die Bewunderung *unserer* Werke vererben.«[5] *Museumsrang und Nationalgeist:* das platt offiziöse Wertepaar ersetzte in Deutschland alle zerreißend substantielle Spannung zwischen *Klassizität und Originalität* – und hemmte für hundert Jahre den Durchbruch zur Moderne. »Ariadne« war jeder Suche nach antiker Abstammung enthoben: Das »echte Siegel des Genius« bezeugte ja nunmehr, daß sie kein Import aus fremder Zeit und Landschaft war, sondern »ein Palladium der vaterländischen Kunst«. Erst heutzutage wird wieder nach einer Vorlage gefragt. In den Antworten siegt aber die alte Mystifikation des Künstlers und der Seinen: Die Gruppe sei zwar »die Quintessenz von Danneckers Antikenstudien« – doch »aus dem Schöpfungswillen des Künstlers allein dessen ästhetische und thematische Vorstellung«[6].

Es blieb also dabei, daß »Ariadne auf dem Panther« ohne bestimmtes, einzelnes Muster sei. Zwar stellte die Frankfurter Ausstellung 1979 dem (im Krieg wüst lädierten, jetzt restaurierten) Marmorbild das exakte Vorbild seiner *Tierfigur* gegenüber: die Renaissance-Kleinbronze einer schreitenden Löwin *(Abb. 6–7)*.[7] Doch klar war es immer schon, daß Danneckers Originalität (= Genieblick auf die Natur) beim Tier aufhören mußte: aus dem unfairen Grund, daß es damals in ganz Württemberg keinen lebendigen Panther gab. Das zwang den Bildhauer, 1803 einen »ehemaligen Eleven« zu bitten, ihm in Paris die Darstellung eines »Tigers« aufzutreiben. Der fand »nichts Gutes, und mit was Schlechtem wird Ihnen nicht gedient

6 *Schreitende Löwin. Bronze-Kleinplastik, paduanisch (?), 1. Hälfte 16. Jahrh., H: 9,6 cm. Zürich, Privatbesitz*

sein«[8]. Erst 1806 konnte Dannecker selbst in Paris (wohl im neuen Zoo und vergrößerten Museum des Jardin des Plantes) endlich Kopf und Beinskelett eines Panthers zeichnen *(Abb. 8)*. Bis dahin stand aber die »Ariadne« nicht nur als Tonskizze (1803), sondern auch im ersten großen Gipsmodell (1803/4) schon fertig. Ob »Antiken«, ob »einer Zeichnung in Buffons Naturgeschichte«[9] oder sonst woher entliehen: daß die Kunstfigur des Panthers von fremder Kunst statt direkt von Natur-und-Genie herkam, galt Danneckers Deutern als Sonderfall, verzeihlich, weil unvermeidlich.

Für die *Frauenfigur* und den *Figurenverbund* hingegen schrieb auch die Stuttgarter Gesamtschau 1987 (mit Œuvrekatalog) nochmals jedes genaue Vorbild ab. Diese Option könnte auf zwei Gründe pochen. 1) Ein antikes Ariadne-Bild, darin die Irdische auf dem Attribut des Gottes reitet, gibt es nicht; sogar ihr Tandemritt *(Abb. 9)* war nur der hübsche Jux eines Fälschers.[10] 2) In der Neuzeit fehlt ihr (von Tizian in tosendem Überfall dem Bacchus vermählt, vom Barock als verlassen klagende Opernheldin geehrt, von Herder in Goethes Iphigenie-

7 *Ariadne auf dem Panther, Detail: Der Panther. Marmor, 1803–14. Frankfurt/M., Liebieghaus*

8 *J. H. Dannecker, Kopf und Beine eines Panthers. Bleistift- und Federzeichnung, aus: Pariser Skizzenbuch 1806. Stuttgart, Staatsgalerie*

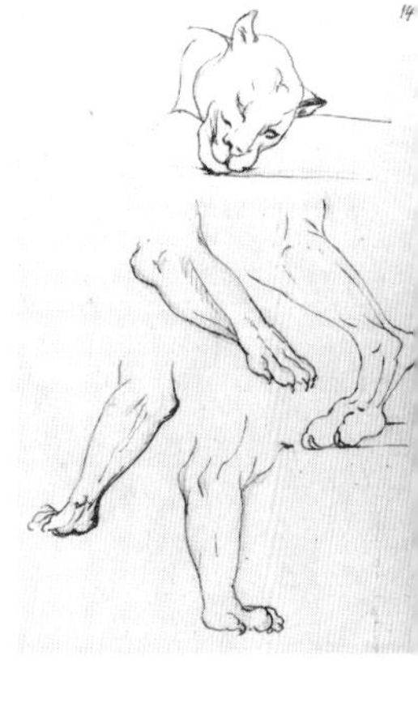

9 *Dionysos und Ariadne. Gemme, roter Jaspis, Fälschung aus dem 17. Jahrh. Aus: Gori, Museum Florentinum, Gemmae, Bd. 2, Taf. 6; Florenz 1731*

Formel der Retterin im Barbarenland gepreßt) jede stehende Bildtradition: ganz und gar die von Frau und Tier. – Das beweist: Ariadne-die-Pantherreiterin bliebe uns unverständlich, könnten wir sie nicht auf Dionysos-den-Pantherreiter beziehen. Doch der Œuvrekatalog schließt daraus irrig: *Ein* antiker Reiter müsse den Anstoß zur modernen Reiterin gegeben haben. Der wurde prompt im Besitz des Bildhauers, Restaurators, Kunsthändlers Cavaceppi (den Dannecker in Rom kannte) ausgemacht: ein Sarkophagrelief mit Dionysos, der, Thyrsosstab in der Rechten, Traube in der Linken, auf seinem Emblemtier einherstürmt *(Abb. 10)*. Hier sei Danneckers »wichtigste Inspirationsquelle« gefunden.[11] Die Ariadne-Gruppe war damit als nicht ableitbar abgeleitet: ohne Ariadne, ohne Frau – lucus a non lucendo.

Danneckers Pantherreiterin auf einen *einzelnen Pantherreiter* zurückzuführen, ist aber schon deshalb müßig, weil dessen *Typus* damals jedem akademiegedrillten Bildhauer und Maler vertraut war. Bis zur Veröffentlichung der Herculaneum-Funde um 1760 galt die monumental fünfzehnbändige »Antiquité expliquée et représentée en figures« des Abbé Montfaucon als das Repertorium aller antiken Motive. Dort steht das hilflos steife Blatt »Bacchus sur le tigre« *(Abb. 11)*. Weil Dannecker aber 1785–90 mit einem Stipendium seines Fürsten in Rom lebte, benötigte er weder die Wälzer Montfaucons noch die Flickwerkstatt Cavaceppis, um Dionysos-den-Pantherreiter kennenzulernen. Ein Sarkophag mit dem Motiv stand etwa (kurz vor Danneckers Ankunft auch beschrieben, abgebildet) im Kapitolinischen Museum *(Abb. 12)*. – Schon in der Antike ließ sich das Figurenpaar herauslösen aus dem Thiasos (dem wilden Zug zur Eroberung fremder Länder oder zum Rausch am heimischen Altar), freilich unter Verlusten: Es fügte sich in den vorgestanzten Stempel von Münzen, füllte Fresken- und Mosaikfelder hellenistisch-römi-

10 *Dionysos-Sarkophag, Detail. Marmorrelief, spätrömisch, nach 1780 ergänzt von Cavaceppi. Rom, Vatikanische Sammlungen*

11 *Bacchus auf dem Tiger. Aus: Montfaucon, L'Antiquité … en figures, Bd. 1, Teil 2, Taf. 145 b; Paris 1719*

12 *Dionysos-Sarkophag, spätrömisch. Aus: Foggini, Musei Capitolini, Bd. 4, Taf. 49. Rom 1782*

13 *Dionysos auf dem Panther. Münze aus Kyzikos, um 150*

scher Innenausstattung, zierte Brunnen und Grotten in reicher Leute Gärten. Diesen kunstgewerblichen Signets und Dekorationen *(Abb. 13)* steht die Gestalt der »Ariadne auf dem Panther« am nächsten – ihr Gehalt am fernsten. Alle Emphase ihres Anspruchs besagt, daß sie weder gelehrte Variante noch freche Parodie des Gottes sein will, der seine rituelle Gefolgschaft, seine Macht eingebüßt hat.

Danneckers *»Inspiration«* kann also weder in seiner Vertrautheit mit dem Typus gesucht werden – noch in seiner Begegnung mit einem jener sieben attischen und sieben etruskisch/italiotischen Vasenbilder, acht Mosaiken, 15 Sarkophag- und 19 Zierreliefs, drei Statuen (dazu Gemmen, Münzen aus acht Jahrhunderten), über die der Pantherreiter zu uns gekommen ist.[12] Staunenswert an dieser Serie wirken gerade ihre ikonenfromme Beharrlichkeit, ihre handwerksstolze Wiederholungslust: Haltung, Verhältnis von Gott und Tier blieben von der griechischen Frühklassik bis zum Untergang des Römerreiches unverändert. – Danneckers Tat besteht in der Änderung. Seine *Vorgabe* ist die Epiphanie des Gottes – seine *Eingebung* der

Ruck, der ihm Frau-und-Tier naherückte, den Gott entfremdete, wörtlich travestierte. Die Frage nach eindeutiger Herkunft (Gott *oder* Frau) mußte uns statt an einen Scheideweg in eine doppelte Sackgasse führen; denn eben das Zweideutige (Vorgabe *und* Eingebung) macht die Struktur der Ariadne/Panther-Gruppe aus. Ihr Sinn läßt sich vorerst nicht aus ihrem Ursprung enträtseln; vielleicht wird sich ihr – doppelter? – Ursprung klären aus ihrem Sinn. Komparatistik spart sich Irrwege, wenn sie vor aller Suche herausfindet, was sie sucht. Dionysos? Ariadne? Einen Transvestiten? Eine Nackte? Eine Reiterin? Statt: »Woher kommt Ariadne?« muß die Frage vorerst heißen: Wer ist *diese* Ariadne?

Die Idee des Künstlers

Der Gott mit dem Satyrnzug auf dem Kapitol oder im Vatikan, die Schöne und das Tier im Liebieghaus: die Aussagen ihrer Formen, die Suggestionen ihres Ausdrucks scheinen sich sogar zu zanken, auszuschließen. Was sagen die Dionysos-Reliefs? Der wild sich aufbäumende, sprunggierige Panther verkörpert die Kraft des Gottes; ja, vielleicht hat der Gott der Exzesse jedem Panther dieser Welt erst Kraft und Wildheit eingeflößt. Oppian beteuert in seiner Jagdlehre[13], daß die Panther einst sternäugige Frauen waren: Dionysos bewirkte *Entfesselung der Schönen zu wilden Tieren*, damit sie ihm den Pentheus hetzten und rissen. – Das Ariadne-Paar sagt aber das strikte Gegenteil: »Die Idee des Künstlers, die sich prima vista ausspricht, war: *Bezähmung der Wildheit durch die Schönheit.*«[14] Den Hunderttausenden, die dann die Statue sahen, bewunderten, sich zurechterklärten, hat diese früheste Deutung von

1805 eingeleuchtet. 1806 las man schon wörtlich im Lexikon: »Meisterwerk, welches alle seine frühern übertraf und die Idee des Künstlers, Bezähmung der Wildheit durch die Schönheit, vortrefflich darstellt.«[15] Hat Füssli (des Malers Vetter) für Wielands »Teutschen Merkur«, hat Wielands anonymer Gewährsmann für Füsslis »Künstler-Lexikon« geschrieben? Schrieb gar Füssli vom »Merkur«-Schreiber ab? Oder aber: Hatte die gleiche Autorität mit den gleichen Worten sie beide in jene »Idee des Künstlers« eingeweiht?
Zu vermuten steht, daß Dannecker, Rapp allen Besuchern des Stuttgarter Ateliers immer schon den einen Sinn und Slogan vor dem »Ariadne«-Modell vortrugen. Das machte sie nicht zu Nachfahren barocker Emblemgrübler, sondern zu Gründergestalten der Programmkunst des 19. Jahrhunderts. Sie lieh gerade solchen nichtliterarischen Genietaten (von Beethovens Eroica bis zu Böcklins Toteninsel) präzedenzlosen Ruhm, die *»die Idee des Künstlers«* mitlieferten: sich literarisieren, in Lebensphilosophien, Romanbiographien, Konzert- oder Kunstführern, endlich für Familienblätter und Schulkinder ganz in die Sphäre des Höheren, Bedeutenden empordeuten ließen. Das *»Schönheit bezähmt Wildheit«*-Marmorbild war Werbeträger für es selbst, lange bevor es sich in tausend Stichen und Figürchen verbreitete, propagierte. Als Danneckers Jugendfreund Scharffenstein 1810 jene erste Deutung wiederholte, klang sie schon als eine allbekannte – die für die Öffentlichkeit genehmigte: »Eine Hauptidee der Vorstellung soll *unstreitig* sein: Kontrast des Zarten mit dem Rohen, freiwilliges Schmiegen wilder, mächtiger Tierheit unter zarter Schönheit.«[16]
Der neunzehnjährige Robert Schumann schwärmte schließlich (»Ariadne auf Naxos! Dannecker!«[17]) von dem, was er 1829, wie nun

14 *C. Hahnbaum, Empfang Moritz von Bethmanns beim Frankfurter Fürstentag 1863 im Ariadneum. Aquarell. Frankfurt/M., Historisches Museum*

jeder, im Bethmannschen Museum zu Frankfurt gesehen zu haben glaubte: »das schönste, höchste *Ideal einer Frau*, die stolz und leicht und mit dem Gefühl der eigenen Würde und Schönheit ein *schäumendes Panthertier* unter ihren Händen zähmt; der Panther *scheint widerstehen zu wollen, aber er schmiegt sich sanft an ihren Händen auf*, und sie blickt stolz und mit gehobenem Haupt zum Himmel.« Die Gruppe erfüllte den deutschen Kunst- und Lebensimperativ von Weimar bis Wilhelm, das Untere hinunterzuhalten (Stoff durch Form, Sinnlichkeit durch Moral, Klassen durch Staat). Ja, sie wuchs zum Wahrzeichen solch domestizierender Idealität: »Wie schön ist das Sinnbild, daß die Schönheit alles, auch die wildeste Kraft, zähmt und fesselt!« Schön ist – die Schönheit: Das tautologisch sich verheddernde Entzücken des Halbwüchsigen legt die Unterschiebung bloß, die Wielands Revue, Füsslis Lexikon, Scharffensteins Briefkonzept (oder

15 *Salon der Bankiersfamilie Lesser, Berlin um 1885, mit »Ariadne« auf dem Vertiko in der Mitte. Frankfurt/M., Liebieghaus*

schlichter: Dannecker und Rapp) unbemerkt vornahmen. Der Körper einer Schönen wurde gezähmt zur Figur der Schönheit. Sie erst durfte in ihren Sonderräumen – im eigens erbauten Ariadneum der Bankiers von Bethmann, in zahllosen Salons, guten Stuben (*Abb. 14, 15*) – jene unschöne Außenwelt symbolisch zähmen, in der sich der tüchtige Mann und Bürger praktisch bewährte.

An der Einhelligkeit dieser Deutung, an der Befriedigung, die all ihr Zähmen und Schmiegen nationweit auslösten, würde man ungern rütteln – widerspräche sie nur gelind der Gestik, nicht auch kraß dem *Thema der Gruppe*. Dem Augenschein, dem Erzählgestus ihres Schreitens zufolge »wollen« Frau und Tier von vornherein dasselbe: dem Gott Dionysos entgegenziehen (der sie begehrt und es befehligt). Die Tonskizze von 1803, ein Wunderwerk jenes lyrischen Klassizismus, der Dannecker (*1758) für kurze Zeit nahe an Canova (*1757) und

Flaxman (*1755) hob, trug denn auch die *Nuptialhandlung* noch mit zarter, bruchlos vergeistigter Erotik vor – gerade weil sie den Sujeteinfall/Figurenverbund nicht über den jähen Reiz seiner Erscheinung, den holden Witz seiner Erfindung hinaus forcierte, fixierte *(Falttafel 1–2)*. Erst als das Bild voll Sinnlichkeit zu höherem Sinn geschraubt, ja zum Sinnbild des Höheren verfestigt wurde, fielen Sujet und Deutung, galanter Titel und hehres Programm auseinander. Wie sollte die Gruppe zugleich »Frau will zum Mann« und »Schönheit bezähmt Wildheit« bedeuten? Widerspruch, nein: Changieren zwischen Erotik und Idealität brachte der »Ariadne« fortan allen Erfolg wie Argwohn ein. Der *Zwiespalt zwischen Tonskizze und Marmorbild* spaltete Danneckers Laufbahn genau in dem Augenblick, da er ihren Scheitel erklomm. Von diesem Moment her werden uns seine Anfänge deutlich. Wie wird man Hofbildhauer – und autonomer Künstler?

Lebens- und Marktbericht

Danneckers Großväter waren ein Bauer aus Waldenbuch und ein Weber aus Holzmaden bei Stuttgart. Der Vater war Stallknecht in herzoglich württembergischen Diensten. Johann Heinrich kam am 15. Oktober 1758 in Stuttgart auf die Welt – ohne die märchenhafte Einmischung oberer Gunst zu einem dürftigen, gemeinen Leben bestimmt. Die fürstliche Gnade, die ihn traf, trug zwar das Gewand absolutistischer Rationalität: Die Gründung der Karlsschule 1770 gab Talenten eine Chance aufzusteigen. Trotzdem möge man die Szene am Ostersonntag 1771 nicht ohne Staunen bedenken (zumal Danneckers Klassenkamerad Schiller kräftig für den Verruf von Schule und Stifter gesorgt hat): Der dreizehnjährige Knechtssohn tritt Herzog Karl Eugen im Ludwigsburger Park mit einem Glückwunsch entgegen; der aber erfragt, erfüllt seinen tieferen Wunsch, auf die Eliteakademie zu kommen. Der Bub sollte erst Tänzer, dann Maler werden. Sein und seiner Lehrer Verdienst war es, daß er zum wahren Beruf fand. Dannecker wurde vorwiegend von den Franzosen Lejeune und Guibal zum Bildhauer erzogen. Folgerichtig durften er und sein Mitschüler Scheffauer ab 1783 (schon zu Hofbildhauern ernannt) in Paris beim süßlich-zahmen Eklektiker Pajou ihre Kenntnisse ergänzen.

Immer noch auf Hofkosten kamen die beiden 1785 von Paris nach Rom. Sie lernten dort nicht nur die Werke der Alten, sondern auch die neue, vom Rokoko durch härtere Grenzziehung getrennte Art des Klassizismus kennen. Dannecker wurde Canovas Freund. Seine und Scheffauers »Jahreszeiten«-Figuren erhielten Lob in Italien und Deutschland; die Akademien von Bologna und Mailand wählten ihn zum Mitglied. Widerwillig ging er 1790, bereits 32 Jahre alt, nach Stuttgart zurück. Seine schönsten Werke entstanden: 1791–93 das Uhrgehäuse »Drei Parzen« *(Abb. 16)*, 1794 die Gipsbüste Schillers *(Abb. 17)*, 1795 der Tischleuchter »Drei Grazien« *(Abb. 18)*, 1797 die nur 70 cm lange Marmorfigur der »Liegenden Sappho« *(Abb. 19)* – schließlich, 1803, die »Ariadne«-Tonskizze. Schon die Qualifikationen dieser Liste zeigen, wie sehr Dannecker die großen Aufträge abgingen. »Groß« ist wörtlich zu verstehen: Er litt darunter, nichts Monumentales in Marmor schaffen zu dürfen. Seine wenigen steinernen Büsten und Ganzfiguren hatten sich zudem »in die Paläste der Fürsten und in die Kabinette einiger Dilettanten verloren«[18]; ihnen fehlte Öffentlichkeit. Wohl des-

16 *J. H. Dannecker, Die Parzen als Uhrengehäuse. Gebrannter Ton, 1793. H: 55 cm. Stuttgart, Stadtarchiv*

17 *J. H. Dannecker, Schiller. Gips, 1794. Weimar, Kunstsammlungen*

18 *J. H. Dannecker, Die drei Grazien und Amor als Tischleuchter. Gips, 1795. H (mit Sockel): 67 cm. Stuttgart, Staatsgalerie*

halb wirkten seine Meisterwerke, in ihrem zartsprechend Innigen, wie für Biscuit-Porzellan statt für den Marmor gedacht. Das sollte sich mit »Ariadne« ändern.

Danneckers lebenslange Verpflichtung an das Fürstenhaus hatte seine Lehrjahre gesichert; mit seiner Heimkehr wurde sie ihm zur Last. »Täglich mit Tränen in den Augen«[19] sehnte er sich nach Rom, dem »Paradies der Künstler«[20] oder: dem Markt internationaler Aufträge, der Unabhängigkeit. Noch in der Ehe mit einer Siebzehnjährigen 1791 (sie »hat ein gutes Herz, ist ganz Natur und reich genug, damit ich in keine schlechten Verhältnisse komme«) sah er die Chance, »von der Mitgift in Rom zu le-

19 *J. H. Dannecker, Liegende Sappho. Marmor, 1797–1802. H: 26,5 cm. Stuttgart, Staatsgalerie*

ben«[21]. Wirksamer als die Gattin Heinrike band ihn der Schwager Heinrich Rapp, Tuchhändler und Kunstkenner, an Stuttgart. Rapp, dessen Verstand Goethe und Schiller lobten, dachte für Dannecker die Bedingungen autonomer (das ist: hof- und kirchenfreier) Kunst durch. Er suchte, um den Nachteil des glanzlosen Standorts auszugleichen, Fernkontakte zu adeligen, bürgerlichen Käufern. Dabei wußte er, daß das Kunstwerk nur dann dem hoheitlich-geistlichen Gebrauchszusammenhang entkommen konnte, wenn es sein eigenes Höheres, Geistiges bewies: Ein Verkaufsbrief für die »Grazien« gibt darum den Preis und »den Gedanken davon«[22] gekoppelt an. Marktwert und Kunstwürde brauchten zu ihrem gemeinsamen Anstieg noch eine gemeinsame Hilfe – öffentliche Werbung. Rapp wurde Danneckers wegen Publizist: gleich seit den »Drei Parzen« der »Herold seines Künstlerruhmes«[23].

Grazien und Parzen blieben aber bei aller ideellen Deutung die alten Parzen und Grazien; selbst Schiller ging erst mit seinem Tod ganz ins Höhere ein. Um hingegen »Ariadne« zum Vehikel autonomer Kunst zu machen, spielte alles mit: sogar die sexuellen Faibles des ersten Königs von Württemberg. Friedrichs frühester Auftrag an Dannecker waren 1801 Gedenkbüste und Trauermonument für seinen Minister und Günstling Zeppelin, den er als Fünfzehnjährigen schätzen gelernt hatte. Friedrichs letzter Auftrag an Dannecker war 1810 ein Standbild, das einen Elfjährigen, »einen aus seiner Umgebung«, als Amor zeigen sollte: womit Dannecker sich »sehr gedemütigt«, ja »die Kunst herabgesetzt«[24] fand – bis es ihm gelang, auch den Eros durch Trauerpose zu enterotisieren *(Abb. 20)*. – Der Künstler ahnte, daß der Herrscher wenig Geschmack an seiner üppigen Reiterin finden würde. Nach dem Gipsguß bat er ihn um die Erlaubnis, sie, als Ausnahme vom Generalvertrag, »selbst als Eigentum zu besitzen«[25]. Friedrichs Desinteresse wurde »untertänigst«, »in submissester Ehrfurcht« vorausgesetzt: Dannecker habe sich zur »Kühnheit« seines Antrags nur »verleiten« lassen, da er »glauben könnte, daß vielleicht eben dieses Bild Eurer Kürfürstlichen Durchlaucht um seiner Form willen ungefällig vorkommen möchte«. Friedrich besichtigte Ariadne. Die Erlaubnis traf ein.

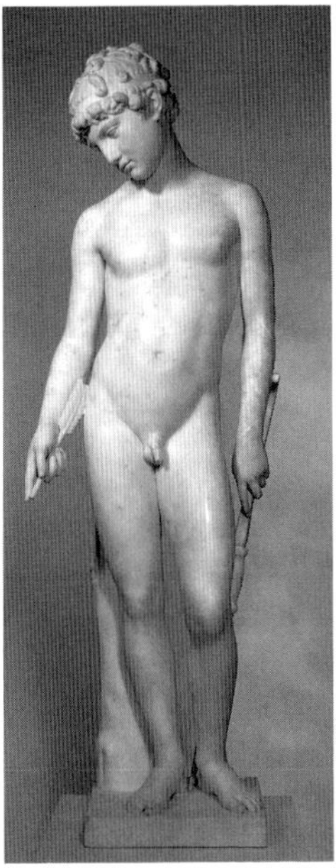

20 *J. H. Dannecker, Amor. Marmor, 1812–15. Neuwied, Slg. Fürst zu Wied*

Vom Ton zum Marmor

Danneckers wahre »Kühnheit« bestand darin, die Eigentumszession sich erst im April 1805 zu erlisten – aber den Marmorblock aus Carrara schon im August 1804 auf eigene Rechnung zu bestellen. Um das Risiko aufzufangen, wurden jetzt Rapps sämtliche Einsichten erprobt. Die »Idee des Künstlers« wurde reißerisch-erhaben formuliert, breit publiziert, das Modell blieb jahrelang ausgestellt, Käufer wurden von Mecklenburg bis Frankfurt in Fürsten- und Bankhäusern gesucht, gegeneinander ausge-

spielt. Vor allem wurde die Statue selbst ihrem neuen Status als Ideenträgerin angepaßt[26]: »Ariadne« hatte Hauptwerk, Genietat zu sein. Das unübliche Ausmaß der Änderungen vom Tonbozzetto über das erste, zweite Gipsmodell bis zur Marmorfigur läßt sich nicht bildimmanent, nur aus der Marktabsicht ganz begreifen. – Geändert wurde in zwei Schüben zwischen 1803 und 1811. Die Hauptsache war schon 1804 getan: im Wechsel vom innig-zierlichen Bozzetto (H: 32 cm) zum ersten lebensgroß-massiven Modell (H: ca. 160 cm). Wielands Korrespondent notierte Anfang 1805 den Unterschied. Er berichtete vom Streit der Kenner: ob »die Gestalt da und dort zu fleischig und im Ganzen mehr junge Matrone als Mädchen« geworden sei – ob nicht »die Gruppe eben durch diese partielle Überladung etwas von dem Charakter der Leichtigkeit verloren habe, die in der Skizze so gut gefiel«[27].
In der Tat: Man betrachte die erste »Ariadne auf dem Panther«, am besten von ihren Füßen, seinem Kreuz her. Von der rechten Fußspitze bis zum Blick der Augen strebt durch ihren schlanken Rücken eine sanft vorandrängende Linie – Körpererwartung gleich Seelenbewegung, die dem Gang des Tieres zustimmt *(Abb. 21)*. Der lyrische Klassizismus Canovas, Danneckers, Schadows schuf um Mädchenfiguren eine leuchtend vergeistigte Erotik. Ja, privater Biedersinn der Künstler und epochale Verketzerung des Rokoko entgingen der Verstocktheit, da sich die Jungfrau-Bräute Hebe, Psyche, Drei Grazien ohne Gier, aber auch ohne Prüderie preisen ließen. Jede Störung solcher Seelenbalance, Sublimierung löste allerdings Flucht in Trauer aus: Ins Jenseits entschwebende Frauenschatten machten Grabmäler zur wahrsten Gattung klassizistischer Bildhauerei. Was sich nicht vergeistigen ließ, wurde vergeistert. – Die erste Ariadne strebt

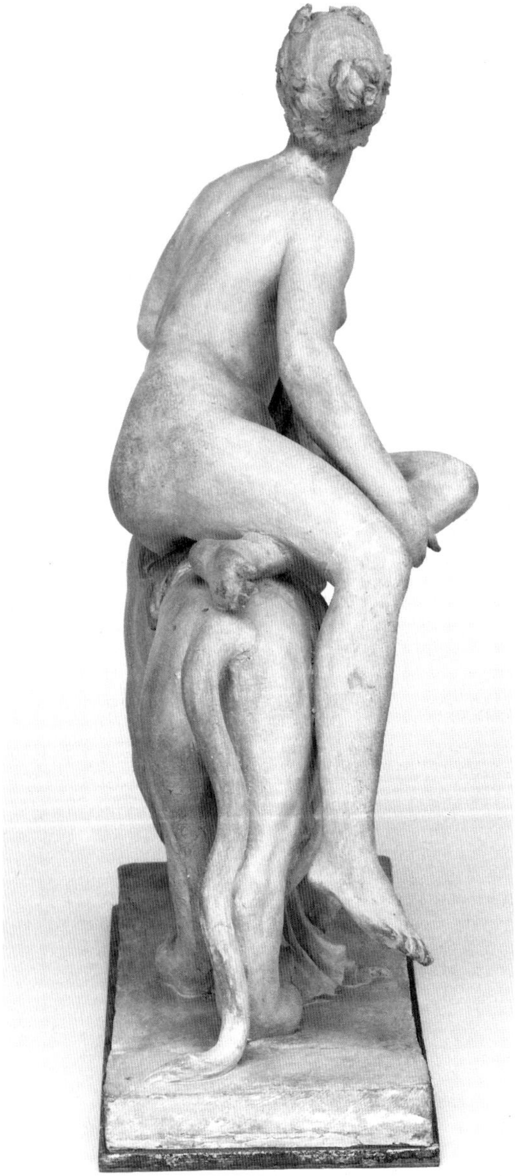

21 *J. H. Dannecker, Ariadne auf dem Panther, Bozzetto; Seitenansicht. Gebrannter Ton, 1803. H: 32 cm; L: 28 cm; B: 9,5 cm. Stuttgart, Staatsgalerie*

22 *J. H. Dannecker, Ariadne auf dem Panther, Endfassung; Umrißstich der Seitenansicht von Chr. Fr. Müller. In: Morgenblatt für gebildete Stände, Kunst-Blatt 1, 1817*

aber noch mit lebhaft jungem Elan voran: keusch ohne unirdische Bleichsucht, sinnlich ohne fleischige Trägheit. Begleitet man dagegen die Marmorstatue von demselben Punkt aus *(Abb. 22)*, so strandet man im stämmigen, fetten Ruhen der Reiterin und stößt schließlich gegen einen vertikalen Riegel: die physische wie ideelle Entgegensetzung von Frau und Tier. Was hat sich an der Gruppe faßbar verändert *(Falttafel 1, 3)*?

Ariadnes Körper verlor die Nuancierung zwischen schmalen Gliedern, mädchenhaftem Rumpf und den runden, vollen Brüsten – überall wirkt sie reifer, üppiger. Die neue Lage ihres rechten Armes ersetzt improvisiert-ertappte Augenblicklichkeit durch geplant-gezwungene

Ruhe. Ihr Gewand wurde breiter, fällt und schleppt sich lastender: zugleich pompös und naturalistisch, wie von einem Dekorateur gerafft. Das Tier, immer schon etwas teigig, jetzt um halbe Kopflänge gekürzt, von der Draperie verdeckt, vom dominierend schweren Frauenleib fast erdrückt – es gibt seinen Energierest nach vorn an das (neu der Renaissance-Bronze entliehene) Halfter, an das Fletschen der Zähne ab, die zu Emblemen, »Zeichen der Bändigung«[28], erstarren. Der Kontrapunkt- und Echobezug zwischen ihrer und seiner Blickrichtung schwingt nicht mehr in der unregelmäßigen Öffnung von etwa 65 Grad, auch nicht zwischen zwei leicht steigenden Ebenen (wobei die Abwendung, Hebung des Ariadne-Kopfes noch eine verinnerlicht entrhetorisierte Anmutsbotschaft aus der Welt der Maulbertsch, Günther überbrachten). Sein Kopf hat sich jetzt frontal zum Zuschauer, ihr Kopf ins Profil gewendet. Beide halten sich waagrecht: vergleichfordernd gegeneinander im axial festgeschraubten rechten Winkel. Der Kontrast wurde programmatisch.

Fehl am Platz wäre hier das beliebte Dilettanten- und Kritikerspiel, die Unordnungspoetik der Bozzetti gegen die Stereometrie der Marmorbilder um 1800 auszuspielen. Danneckers Gruppe tritt vielmehr zwischen Entwurf und Endgestalt aus einer alten in eine neue Ordnung. *Materiell* wird der Maßstab ins Monumentale, der Werkstoff vom Ton zum Marmor (vom Augenblicklichen zum Bleibenwollenden) geändert. *Biographisch* dient das dem Künstlerbeschluß, aus der Stuttgarter Provinz- und Hofdienstisolation mit einem von Order und Kontrakt unabhängigen chef d'œuvre auszubrechen. *Kompositorisch* wird die freie Regung erhöht, versteift zur programmhaften Trennung der Teile. *Technisch* wurde schon fürs lebensgroße Gipsmodell »zuerst das Tier aus nützlichen Gründen einzeln verfertigt«[29]. Alle diese Schritte der Arbeit addieren sich zu dem einen Sprung der Gesinnung. Der erweist sich als der Riß in Danneckers Lebenswerk. Nie mehr wird er (außer in drei, vier beiläufigen Porträts, Bozzetti) die empfindsame Sinnlichkeit seiner Meisterwerke von 1791 bis 1803 treffen. Man kann sagen: Klassizismus mündet ins Empire. Vorsichtiger: Ein Stil der Vergeistigung in Anmut wird verdrängt vom Stil der Benennungen, Bedeutungen. Jetzt erst steht das Standbild: Das hier ist die Frau, das hier das Tier. Jetzt erst spricht es groß und platt aus: Schönheit bezähmt Wildheit.

Die Schöne und das Tier

Danneckers Gruppe hat ihr Sujet im selben Moment gewonnen und verloren. Die leichthändige Erfindung des Tonbozzetto ließ uns die Fiktion »*Ariadne* auf dem *Panther* des *Dionysos*« glauben. Der (für deutsche Verhältnisse) ägyptisierend-rigide Benennungskontrast und Bedeutungskampf der beiden Figuren treibt dagegen dem Marmorbild mit seiner Bewegtheit auch seine Fabel aus: Die Quasiallegorie »Schönheit bezähmt Wildheit« kann jenen fiktionalen, fiktionstiftenden Dritten, den Gott, entbehren. Zugleich gilt das Gegenteil: Solange Ariadne und der Panther sich bewegten, stand rechts von ihnen, unsichtbar-unbewegt, Dionysos. Sobald die Schöne und das Tier stillstehen, wandelt sich der Gott zum Mann, der ruhelos ums Frauenidol zu streifen, sich zu vervielfachen beginnt. – Der Mann lungert rechts neben dem Bild als *Er*: irgendein Freier, den die Schöne provokant anblickt. Der Mann kauert im Bild als *Es*: das Tier, das sich der Schönen unterwirft. Der Mann steht vor dem Bild als *Ich*: der Betrachter, dem die Schöne ihren Körper als Fleisch herzeigt und als Marmor entzieht. Das geheime Inbild des Bildes, »Sie auf dem Es des Er«, wendet sich schamlos nach außen, an uns – eben da der Künstler versucht, ihm ein Prunkkleid der Idealität überzuwerfen.

Er lungert neben dem Bild. Die Ariadne der Marmorfassung wirkt gegen die des Tonmodells zugleich emblemhafter und privater: kalt und fleischlich, hochtrabend und ordinär. Danneckers Geschmackswende spiegelt zunächst einen Bruch in der Geschichte der Kunst, nicht der Erotik. Ihn versuchte Goethes »Propyläen«-Kunstlehre um 1800 noch zu kitten: Sie wertete zwar Wahl und Idee des Sujets maßlos auf; schützte aber dessen »symbolisch« gestaltimmanente Darstellung wider alle pure Allegorie. Das klassische Gelingen, Bedeutung und Bild, Sinn und Sinnlichkeit nochmals zusammenzubiegen, endete bald. – An der Benennungskunst nach 1800 tritt der Bruch sogleich kraß hervor: Eben als Emblem »Schönheit« ist Ariadne, wie der Klassizist Humboldt es peinlich spüren mußte, »zu dick und zu nackt«[30].

23 Andrea della Robbia (Werkstatt), Europa und der Stier. Terrakotta, weiß glasiert, Ende 15. Jahrh., H: 33 cm. London, Victoria and Albert Museum

Immermann, als Dichter selber zerrissen zwischen hohen Gattungen und realem Blick, fand »mehr Modell als Begeisterung darin, und es erscheint uns ein derbes üppiges Weib, aber keine dea libera«.[31] Die Spaltung zwischen Idealisierung des Programms und Entsublimierung des Materials schlägt prompt aufs Programm selbst zurück: Da Ariadnes bedeutungsschwer gewordener Leib nicht mehr sehnend ihrem Blick nachstreben kann, ruft sie, lockt sie frech mit dem Blick herbei. Sie wendet sich »mutwillig, schäkerhaft, üppig, zur Wollust einladend«[32] zu einem unbekannten, also auswechselbaren Freier: Na komm, wenn du dich traust!

Es kauert im Bild. Der Panther steht für »Wildheit« – für Ariadnes eigene oder die des Dionysos? Dannecker nahm von seinem Vorbild, der Kleinbronze, als einzige Änderung das Euter weg. Die Löwin hat er so mit dem Panther vertauscht: auch das weibliche mit dem männlichen Tier? Arglos weitergefragt: Wird Ariadne, wie Europa von Zeus als dem Stier *(Abb. 23)*, von Dionysos als dem Panther entführt? Weniger arglos: Reitet sie ihn – die Frau den Mann? »Phyllis und Aristoteles«, Lucas van Leydens Holzschnitt von 1513 (auch Hans Baldungs aus demselben Jahr), bietet verblüffend mehr Kongruenz an Umriß, Figurenverbund mit der Dannecker-Reitergruppe als alle »Dionysos der Pantherreiter« des Altertums *(Abb. 24)*. Dieses heikle Sujet (pseudoantik, aus den Alexanderromanen) war beliebt vom 13. Jahrhundert bis zum Manierismus. Sein Motiv kehrte um 1758 in einer Pubertätsarbeit Heinrich Füsslis wieder, die er alibisuchend drei Züricher Stechern von 1640 zuschrieb.[33] Er dichtete die Unterzeilen: »Du Narr, dich reitet deine Stut,/ Wardst bsattlet mit Weibergut.« Die Synonymität von »Ritt« mit einem anderen four-letter-word hat eine unvordenklich lange, stetige Tradition.

24 *Lucas van Leyden,*
Phyllis und Aristoteles.
Holzschnitt, 1513

25 *Anonym, Die Tochter der Wildnis. Kolorierte Lithographie. Leipzig 1848. Ein Berliner Plagiator dieser Karikatur im selben Revolutionsjahr verstand nicht, daß der Hund (wie Ariadnes Panther) gleichzeitig den Drohenden und den Gezüchtigten darstellte: Lola Montez' berüchtigte Dogge und Ludwig I. von Bayern. Der König wurde hier nochmals hinzugefügt, auf Lolas Knie als winziger, beflügelter Amor.*

Darin wird Danneckers »She-f...s-Him«-Gruppe eingespannt: 1848, auf der Höhe ihres Ruhmes, muß sie von Phyllis/Aristoteles hinüber zu Lola/Ludwig vermitteln. Ihr anonymes Zerrbild, Wahrbild übertrumpft manches heutige Domina-Groschenheft *(Abb. 25).*

Ich stehe vor dem Bild. Die Maße der Marmorfigur entrücken sie dem Betrachter nicht ins Monumentale, sondern sie reizen und quälen ihn mit ihrer Lebensähnlichkeit. (*Etwas* überlebensgroße Statuen ziehen als dämonisch rächende Frauenidole durchs 19. Jahrhundert – davon später.) Sogar die Ruhe der Schönen[34], die das In-sich-Ruhen alles Klassisch-Schönen zitiert, versendet Ambivalenz. In ihr spielt die altehrwürdige Wirkungsweise des Ästhetischen, durch Distanz zu bannen, hinüber in die moderne Machtstrategie des Erotischen, durch Entzug zu herrschen. – Während des

26 *J. H. Füssli, Brunhild betrachtet den von ihr gefesselt an der Decke aufgehängten Gunter. Bleistift und Feder laviert, 1807. Nottingham, Castle Museum, Art Gallery*

Entstehens der »Ariadne«, 1807, treibt nochmals Füssli, jetzt fast siebzig, deren Dialektik von sprödem Modell und gefesseltem Betrachter bis zur szenischen Fabel. Brunhilds und Gunters Hochzeitsbild macht nicht bloß den Rollentausch von dominanter Frau und versklavtem Mann thematisch *(Abb. 26)*. Ihr abgekehrter (oder: sodomitischer Begierde zugekehrter) Leib, ihre tückisch-verachtende Miene zielen als Waffen aus dem Bild-Raum hinaus: Mit ihnen überwältigt sie in der Brautnacht den zur Schau Gehängten, im Bild-Augenblick aber uns Schauende. Nicht irgendein menschliches Repoussoir, sondern unser Stellvertreter baumelt hier aus dem Rahmen – um vorzuführen, welches Los uns die neuen ruhenden Schönen (ob vorerst noch Brunhild oder Ariadne, Venus oder Odaliske genannt) zugedacht haben.

Die Frau, um 1800 institutionell machtlos, schöpft ihre Macht aus dem Kampf der Männer. Ihr Marmoridol fesselt Betrachter/Freier/Tier unauflöslich an sich, indem es sie paarweise aneinanderfesselt. *Betrachter* und *Freier*, im Bild irreal, beziehen Realität aus ihrem Wechselbezug: Eifersucht. Danneckers Ariadne besiegt (wie Canovas »Siegreiche Venus«) ihren Zuschauer, indem sie unverwandt einen anderen anschaut. Unsere Gier nach ihr, ihre Gewalt über uns wachsen mit unserem Neid auf den Rivalen. – Das *Tier* schließt das Dreieck der Drohungen, darin es, seine Gegenfiguren einzeln in Schach haltend, in Schach gehalten wird. Der »grimmige Rachen«[35] drängt sich zwischen das Geschlecht des imaginären Freiers und den Schoß der Schönen. Die wütend gerollten Augen aber, die nackt blekkenden Zähne wenden sich frontal gegen den Betrachter. Daher rührt die schlüpfrigste Zweideutigkeit dieser Konfiguration: Wird der Panther, als Sklave der Frau im Bild, zum Abbild der Männer vor und neben dem Bild? Oder

27 Gorgokopf vom Brustschild der Athena. Vasengemälde um 520 v. Chr. Berlin, Staatliche Museen

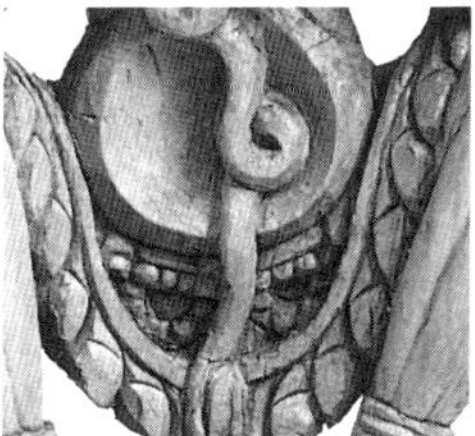

28 Bauch und Schoß der Göttin Kali (Detail), davor hängt das Eingeweide eines besiegten Mannes, das sie verschlingt. Kupfer, Nordindien, 17. Jahrh. London, Victoria and Albert Museum

29 Pantherkopf von »Ariadne«. Marmor, 1803–14. Frankfurt/M., Liebieghaus

wird er, als Hüter des Bildes gegen alle Männer, ganz zum Bestand des Bildes, zum Teil der Frau? Ihm fehlen die Zitzen; aber auch die Rute. Ist das Wachtier, wie ein Eunuch, geschlechtslos? Hat es zwei Geschlechter? Das Warnschild mit seinem Haupt »Cave canem!« ist der Gorgo-Schild vor ihrem Schoß »Cave amantem!« Der reißende Maulspalt, »halb geöffnet«[36], gerät zur vagina dentata *(Abb. 27–29)*.

Der Panther: Lebensmacht oder Möbelstück

Nur leider: Ariadnes Panther ist ein schwacher Panther *(Falttafel 3–4)*. Kunstgelehrte haben die »friedliche, etwas stofftierartige« Bestie verspottet – oder den laschen Leib mit dem Fehlen eines Modells in der Natur, mit dem (hundertfünfundzwanzigfachen) Aufquellen des zartgedachten Bozzetto entschuldigt.[37] Dabei könnte man im Mißverhältnis zwischen Reiterin und Reittier eine unglückliche Vorgabe des Sujets sehen, angelegt schon in der Antike. Gott*mensch* und Raub*katze* taugen zum Paar an Ausdrucksmacht, nicht an Körpergröße. Kein Relief oder Vasenbild mit dem dionysischen Festzug ließ sich freilich davon beirren: Der Mythos gab den Künstlern numinose Weisung, formale Sicherheit genug, die Maße einander anzugleichen. Erst als Maler, Statuen- und Mosaikmacher die Reitgruppe aus dem Thiasos trennten, stockten sie vor dem Dilemma: aus Sinntreue das Naturgemäße oder aus Naturtreue das Sinngemäße zu verraten. In Montfaucons Stich *(Abb. 11)* wird der Panther grotesk vom Gott erdrückt. Ein Wandbild von Herculaneum macht aus ihnen: einen hübsch gelockten Dandy, der sein Jagdhündchen tränkt.[38] Solche

Bagatellisierung läßt sich, wo nicht als spätzeitlicher Naturalismus und dessen Selbstparodie, auch als Emblemdenken auslegen: Der Panther sei ja dem Gott untergeben, sein bloßes Attribut.

Alles bei Dannecker sprach dafür, den Panther gegen die Naturmaße zu vergrößern. Der Bozzetto war frei von mythisch-emblematischen Rangstufen wie von naturalistischer Treuepflicht – einzig zu geistreich schöner Formenbalance verpflichtet. Erst recht verlangte dann das Marmorbild für seinen eigenen, neuen Emblemanspruch nach Gleichwertigkeit der beiden Figuren: stellte es doch antagonistisch den Panther der Frau, »Wildheit« der »Schönheit« entgegen. Dennoch verfiel die Statue einem kuriosen Widerspruch: Je näher sie ihrer Vollendung, Erstarrung im Symbolkontrast kam, je mehr wurde der vergrößerte Panther wieder – wir sahen: durch Wendung des Kopfes, Überdrapierung des Rumpfes, Zunahme der Reiterin – verkürzt, verhüllt, entkräftet. (Anders gesehen: In derselben Arbeitsphase, da der Ariadne-Leib zu massiger Konkretion anschwoll, glättete sich der Pantherleib zu flächiger Abstraktion. Mit ihrer ideellen Trennung zerfiel auch ihre Stilgemeinschaft; sie flohen in die Zukunft. So derb die Schöne schon zum Naturalismus drängt, so diskret schleicht das Tier in den kommenden Symbolismus.) Der Zufall will nun, daß sich Muskel- und Ausdrucksschwund des »Ariadne«-Panthers an einem Gegenbeispiel messen lassen.

Rubens studierte ein Exemplar der Renaissance-Löwin *(Abb. 6)*, die auch Dannecker zur Vorlage wurde. Für die Federskizze *(Abb. 30)* stellte er die Bronzefigur in ihrer Profil-, also Hauptansicht vor sich – links neben sie aber einen Spiegel, um ihre Volumina, Energien zugleich von hinten in den Griff zu bekommen. Er setzte die Erkundung in einer Kreidestudie

30 *P. P. Rubens, Schreitendes Pantherweibchen in zwei Ansichten. Federzeichnung, um 1610. Berlin, Staatliche Museen, Kupferstichkabinett*

fort; dann erst schuf er das geniale Abbild in farbiger Kreide *(Abb. 31)*, das das Vorbild an Realität und Macht weit übertrifft.[39] Danneckers Nöten, kein lebendes Tiermodell zu finden, hätte ein derart nach Leben forschender Blick auf seine Bronze-Vorlage (oder auf einen »Jagd«-Stich nach Rubens, ja auf jede junge Hauskatze) abgeholfen. Scharffenstein haderte 1810 vorm Gipsmodell tiefer, betroffener als dann alle spottenden oder entschuldigenden Fachgelehrten: »Du darfst den *Panther* hier *nicht als bloßes Attribut*, als Nebensache ansehen. Hauptsache ist die Darstellung der Muskel und der Sehnen Kraft.«[40] Dannecker schrak, das spürte der Jugendfreund, vor der Wildheit des Wilden zurück. Schwächte er aber dessen sinnlichen Glanz, Schauder (wie ihn Blakes »Tiger«-Gedicht besingt) zum »Attribut« einer entwichenen Gottheit ab, also zum Requisit einer neumodischen Allegorie – so verriet er paradoxerweise eben seine Allegorie, den Kampf zweier Lebensmächte »Schönheit«/»Wildheit«, an einen Sinnenkitzel.

Die Schwächung des Panthers macht »Ariadne auf dem Panther« aus einem Sinnbild wieder zum Erotikon: zum verlogenen. Bös sagt es Scharffensteins erster, nie abgesandter Brief-

31 *P. P. Rubens, Schreitende Löwin. Farbige Kreidezeichnung, vor 1618. London, British Museum*

entwurf: »Diese Gruppe, so schön die Ariadne ist, hat etwas Widerndes.«[41] Ob schwäbisch-biederes Gemüt Dannecker hemmte, sich der Wildheit des Wilden zu stellen, mag der Freund geahnt und verschwiegen haben; daß die Kunsttheorie der deutschen Klassik die Abschwächung des Konflikts mitverschuldete, werden wir bald sehen. Nur: Wenn wir, solcher Defizienz eingedenk, im folgenden eine »Ariadne *ohne* den Panther« uns vorstellen, sie schildern und befragen – so soll dabei das »Widernde«, Lügenhafte der Gruppe nicht vergessen werden. Die Schöne nämlich, wie Dannecker sie dem Tier aufzwang, verzichtet auf keinen erotischen Effekt, aber auch nicht auf ihre Adelung durch antik Verehrliches, empirehaft Aufgeblähtes. Sie holt mittels Entschärfung der Kontrastfigur nicht die verjährt-liebliche Grazie des Bozzetto zurück, sondern greift sich auch noch die neue Schlagkraft des Aktporträts. Die Nackte posiert als Gestalt des modernen Privatlebens: Frau auf dem Bett. Ihr gehorsamster Panther schrumpft sich dem aktuellen Thema zurecht. Plump, zu kurz, unbequem trägt es die schaubewußt Hingelagerte: ein Empiresofa, das sie statt von Dionysos bei Jacob frères bekam.

Zur Lage der Frau um 1800

Wer Ariadne auf dem Panther abbilden will, muß sich damit begnügen (ist ihm sein Leben lieb), nach einer Frau auf dem Sofa zu modellieren. Wer dagegen eine Frau auf dem Bett malt, meißelt, könnte den inneren Panther (seinen oder ihren) ins Aktporträt einbringen. – Den *Porträts von Liegenden*, die um 1800 alle antikisch entschuldigten Venusse ablösen, geht dennoch das Dogma um 1770 voraus, »liegend« sei »natürlich«, »natürlich« aber »unschuldig« (statt wie früher: sündig). Erst wurden Männer liegend in der Natur gemalt: Rousseaus Freund Boothby 1781 von Wright *(Abb. 32)*, Goethe 1787 von Tischbein – obgleich Countessen, Duchessen schon im Gartensaal hingelehnt (statt aufrecht auf dem Treppenabsatz im ersten Stock) ihre Gäste empfingen. Die Kunst eiferte bald der Mode und Ideologie nach. Wie un-natürlich jedoch ihr pauschales Unschuldsattest wirkte, verraten die Gerüchte um Davids, Canovas Liegende *(Abb. 33, 34)*. Fiebernd rätselten die Zeitgenossen, ob das Ruhebett im Gemälde bei David oder bei Mme Récamier stand, warum ihr Bildnis nie beendet wurde; erst recht, ob Paolina Borghese-Bonaparte nackt für Canova gesessen, gelegen habe. Sie erwiderte nicht nur, Canovas Atelier sei gut geheizt, sondern bedeutender: Vor *dem* brauche sich keine Frau zu fürchten.[42] Die Bildhauer der berühmtesten Frauenakte ab 1800 waren notorisch keusch. Canova galt als unberührt oder impotent – den jungen Dannecker erhob er noch über sich mit dem Spitznamen: il beato.[43]

Keuschheit des Künstlers war vonnöten. Denn alle imaginäre Rivalität zwischen Freier und Betrachter der »Ariadne auf dem Panther« ballt sich vor der »Frau auf dem Bett« zu handgreiflichem Argwohn: zwischen dem Besitzer von Frau und Bild (als erfolgreichstem Freier) und dem Künstler vorm Modell (als dem kundigsten Betrachter). Ganz Rom lachte über den Fürsten Borghese: Was nützte es ihm, den Besuch seiner und Canovas »Venus« nachts bei Fackelschein bald anzuregen, bald zu verbieten – wenn er vorher seine Gattin tagaus, tagein hatte Canova ausleihen müssen? Die Bilder selbst werden mitstrukturiert von unserem forschenden, taxierenden Zweifel, wie weit die »wollüstige Hingelehntheit« auf diesen »ätherischen Götterbetten« ging.[44] – Wie der Freier und der Betrachter, so lauert auch schon das Tier im neuen Sujet. Paolinas (wie Juliettes) Lager ahmt antike Klinen nach. Die aber, ägyptischer Herkunft, standen auf Tierfüßen, endeten im Tierkopf. Canova muß die Stiche nach *Löwen- und Pantherbetten* in Vivant Denons Buch über den Ägyptenfeldzug *(Abb. 35)* gekannt haben: Ehe er Paolina 1804 in Rom als

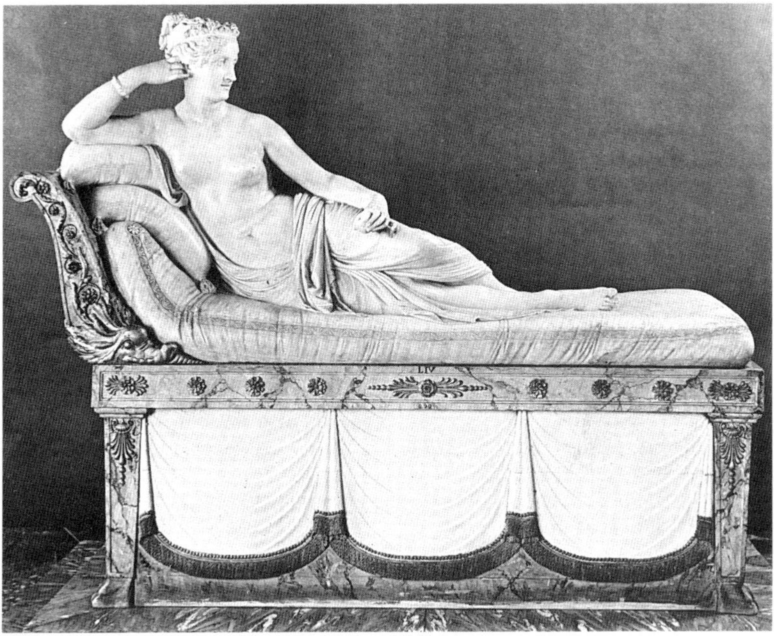

32 *J. Wright (of Derby), Sir Brooke Boothby, 1781. London, Tate Gallery*

33 *J. L. David, Juliette Récamier, unvollendet, 1800. Paris, Louvre*

34 *A. Canova, Paolina Borghese als Venus Victrix. Marmor, 1804–08. Rom, Galleria Borghese*

»Venus victrix« konterfeite, hatte er Napoleon 1802, im Erscheinungsjahr von Denons Bestseller, in Paris als »Mars pacificator« modelliert. Ein vergleichender Blickgang von Danneckers zu Canovas Hingelehnter (über Figur, Draperie, Gestell) bezeugt: Wie Ariadnes Panther eine mäßig wildgewordene Chaiselongue, so ist Paolinas Bett eine zum Möbel verwun-

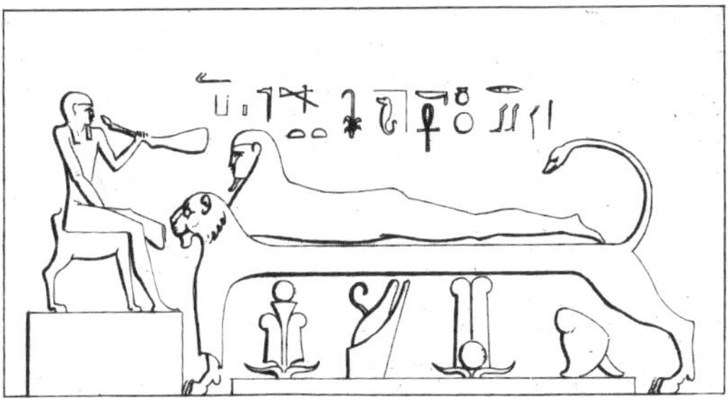

35 *Pantherbett, Relief in Dendera. Aus: Denon, Voyage dans la Haute et Basse Egypte pendant les campagnes du général Bonaparte. Tafelbd., Taf. LXVIII, Fig. 10 (hier seitenverkehrt); Paris 1802*

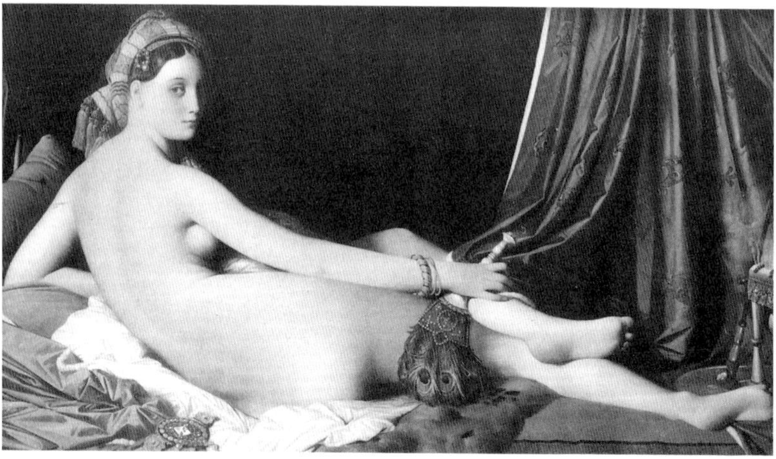

schene Kreatur – eine pompös aufgeschirrte, bis zur Apathie dressierte Bestie, die die Siegreiche dumpf in irgendeinem Triumphzug daherträgt.[45]

Erlebnisberichte zu Sofas verhexter Jünglinge (à la Crébillon) waren längst als Rokokoschund verpönt. Das Sofa der Paolina/Venus heißt trotzdem anzüglich genug »der Thron ihrer Triumphe«[46]. Goya schafft die Metapher ab; ihm

36 *F. de Goya, Die nackte Maja, 1800. Madrid, Prado*

37 *J. A. D. Ingres, Die große Odaliske, 1814. Paris, Louvre*

steht Ingres, sonst sternenfern, darin am nächsten *(Abb. 36, 37)*. Beider Aktporträts geben ohne Rokokofabel, Empirephrase bekannt, daß die *Betten* der Majas, Odalisken *Arbeitsplätze* sind. Beider Schamlosigkeit, Mut läßt sich auch am Gegensatz zu ihren Zeitgenossen ermessen. Leugnen 1795–1815 fast alle ganzfigurigen Atelierporträts (durch Genrezutaten, die Möbel eines Salons, einen Park als Hintergrund), daß die Dame je den Maler besucht hat – so behaupten die »Majas«, »Odalisken« (obgleich gewiß Atelierbilder), daß der Maler sich in der Kammer der Nackten auskennt. Das Stück Pantherfell, das Ingres auf der Matratze der »Großen Odaliske« liegenließ, ist Indiz nicht für eine Götterhochzeit auf Naxos, sondern für Lust des Geschlechts, Schlacht der Geschlechter im Bordell. Die Lebensmächte sammeln, indes ihre Götter-, Historien- oder Symbolabbilder zu gesüßtem Bildungsbrei verkommen, im privaten Aktbildnis altneue Kraft: Sexus wächst hier zu paradiesischem Glückversprechen oder mythischer Spoliation. Die Nackte malen heißt: »dem leichtesten Wogen ihrer Linien mit der Demut eines Verliebten folgen« (Baudelaire über Ingres) – oder: »eine versklavte Königin entblößen, deren Haß sich in ihrem Blick bewahrt« (Malraux über Goya).[47] Das erotische Signum des 19. Jahrhunderts ist aber, gespiegelt in des Malers Demut wie Gewalt: daß Versprechung *und* Drohung der Frau, aufleuchtend über Landschaften zerknitterter Laken, einander ähnlich, ja ununterscheidbar aussehen.

Die Sklavin/Lustspenderin Große Odaliske (1814) teilt darum Pose und Blick mit der Königin/Rächerin Brunhild (1807), die ihren Versklaver versklavt *(Abb. 38)*. *Rückenakte* wie diese sind *Geniestreiche der Zweideutigkeit:* mit ihrer *Pose abgewandten Liegens*, die sich ohne Scham anbietet – oder uns jede Gewährung, Erbarmung verweigert; mit ihrem *Blick über die Schulter*, dessen feuchte, sanfte Leere das Glück der Tiere verheißt – oder das Verweigern, Vernichtungsurteil besiegelt (und dessen Wirkung höhnisch nachprüft). Die verblüffende Ähnlichkeit zwischen Ingres' und Füsslis Hingelagerten ließe sich allerdings auch daraus erklären, was Gelehrte in Œuvre-Verzeichnissen beteuern: daß beide von Davids Mme Récamier herkommen *(Abb. 39)*.[48] Wäre dem so, dann wären ihre Korrekturen, Karikaturen teuflisch. Sie verstünden ihr Vor-Bild als verlogen heimlichen Rückenakt, läsen aus Juliettes legendärer Keuschheit nur heuchelnd verhüllten Trieb heraus: aus der lässigen Ruhe ihres Körperprofils nur den unterdrückten Drall, uns die kalte oder heiße Schulter-und-Hintern zu zeigen. Ihre europaweit verehrte Indifferenz wäre so nicht Anmut, Vergeistigung, sondern nur ein virtuoser Balanceakt: Drohung mit Versprechung noch ein letztes Mal zur Null unberührter, ungerührter Klassizität auszutarieren.

Als Zwischen- und Beweisstück dafür böte sich die David zugeschriebene »Aktstudie« in Boulogne an *(Abb. 40)*: eine Rückenakt-Fassung des Récamier-Bildnisses. Doch das Schweigen der David-Literatur zeugt hier weniger von fragloser Akzeptanz als von taktvoller Skepsis. Der Akt wurde wohl nicht vor, sondern nach dem Bildnis gemalt: nicht als eigenhändige »Studie«, sondern fremder Kommentar. Sie be-

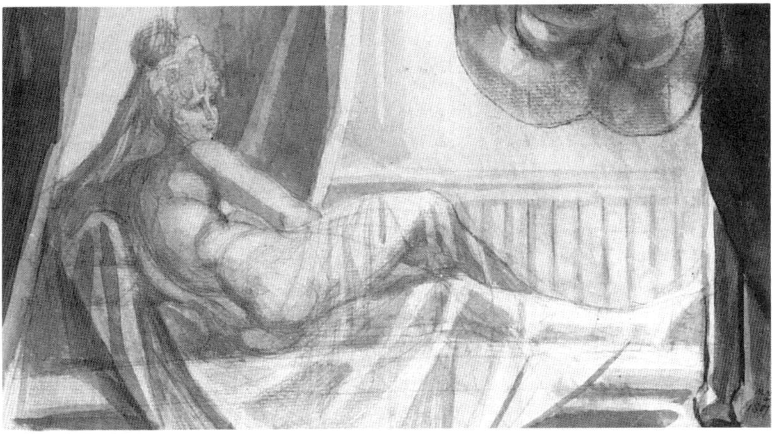

38 *J. H. Füssli, Brunhild betrachtet Gunter. Ausschnitt (aus Abb. 26)*

39 *J. L. David, Mme Récamier. Ausschnitt (aus Abb. 33)*

legt nicht, daß David sein Modell zuerst, zutiefst wie Ingres die Odaliske, wie Füssli die Brunhild sah – sondern daß irgendein frecher David-Schüler früh schon jenen *Zweifel an der Reinheit von Liegenden* bekam, den dann Ingres und Füssli mit verheerender Überzeugungskraft vortrugen. – Dabei brauchen Ingres' Spenderin erkauften Glücks und Füsslis Rächerin verratener Liebe wahrlich nicht von Da-

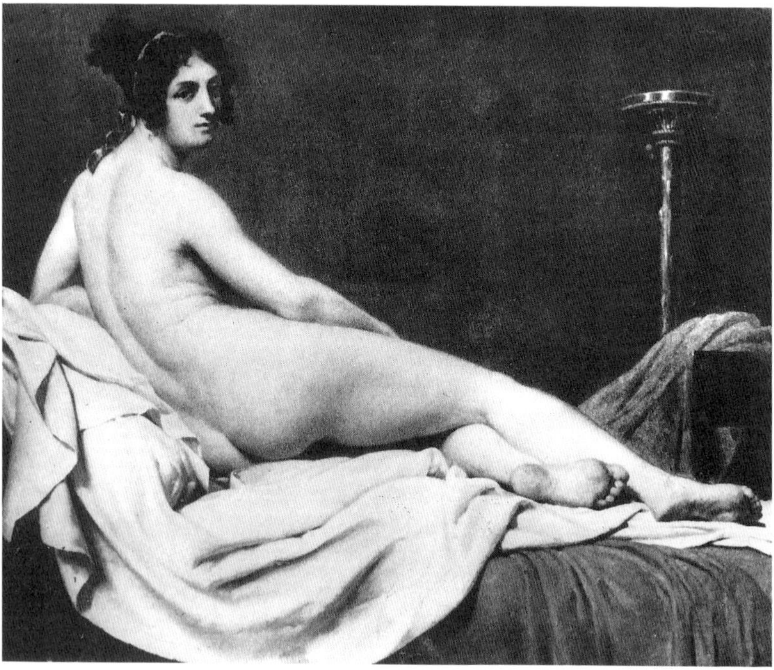

vids Dame abzustammen, um deren nur noch für Mode, Salongeplauder berechneten Rest an Natur-und-Unschuld-Behauptung zu liquidieren. Gerade daß die beiden Rückenakte (»Verheißung« und »Haß«) sich in naturmächtiger Ungeschiedenheit gleichen, scheidet sie von jener Weißen Unschuld – und genügt mit Gültigkeit bis heute, um alle Gleichung zwischen Natur und Unschuld durchzustreichen.
Ihnen gleicht Ariadne: wenn man sie umdreht *(Abb. 41)*. Schon der »Teutsche Merkur« lobte die »nicht mindere Liebe und verweilenden Fleiß«, mit denen Dannecker »die ganze Rückseite der Figur vollendet« habe: »Nuancen«, die man »erst beim Umdrehen der Figur, besonders bei Fackelbeleuchtung gewahr wird.«[49] »Auf einem beweglichen Gestelle«[50]

40 *Schule von J. L. David (?), Aktstudie zum Bildnis der Mme Récamier, 18..? Boulogne-sur-Mer, Musée des Beaux-Arts*

41 *Ariadne auf dem Panther; Detail der Rückenansicht. Marmor, 1803–14*

stand ihr Gipsmodell im »innersten Heiligtume« von Danneckers Atelier. Ihr ein Drehwerk unterzubauen, mußte Moritz von Bethmann 1814 den längst vereinbarten Kaufpreis um 350 Gulden aufstocken[51] – den Marmorsockel noch ungerechnet, »worein die Maschine, welche das ganze Drehen verursacht, angebracht werden muß«. Daß das »reine Götterbild« (Reim: »hehr und mild«[52]) seine *Kehr-*

42 *O. Gulbransson, Ariadne-Bavaria huldigt Herrn von Bethmann-Hollweg. Strichätzung nach Federzeichnung aus: Simplicissimus, 21. 3. 1910; München*

seite zur Hauptansicht habe, daß Ariadnes Idealität nur Aushängeschild ihrer Lüste, unser Kunstsinn Vorwand für unsere Lüsternheit sei: dies fungierte, von der verbreiterten Masse des Gipsmodells bis zur Massenverbreitung der Gußeisen-Nippes, als der hundertjährigen Reiterin immer offeneres Geheimnis – ihre dralle Pornographie. Verräterisch bezeugt das Ludwig Thomas Erinnerungslapsus, Fehlleistung von 1910.

Thoma schlug Gulbransson für eine Anti-Bethmann-Hollweg-Karikatur die schon mehr belächelte als verehrte Ariadne vor, die angeblich »auf dem Rücken eines Panthers liegt, splitternackt und den Arsch herzeigt« *(Abb. 42)*. Sie »ladet den Beschauer auf die Kirchweih« (so der bayerische Euphemismus fürs Götz-Zitat).[53] Ariadne zwingt, ihr letzter Triumph, den ältesten Kraftspruch der Deutschen, die moderne Geheimlehre des Rückenakts zu bekräftigen. »Du kannst mich«: Gleichgültigkeit ist Aggression, Ruhe Verachtung.[54] – Erscheint »Ariadne« in ihrer Neuheit als *Rückenporträt einer Nackten*, in ihrer Nostalgie als Pantherreiterin in Rückenansicht, dann klärt sich wie nebenbei ihre antike Herkunft. Dannecker-Forscher suchten sie am falschen Ort: falls nicht unter Dionysos-Ikonen, so in Meyer/Böttigers Weimarer Ariadne-Ikonographie von 1801.[55] Aber eine Frau »*ist*« für die Antike nur dann »Ariadne«, wenn sie, die Arme schützend um den Kopf gebogen, auf ihrem Felsen schläft (oder mit Dionysos beim Hochzeitsmahl sitzt, auf dem Triumphwagen thront). »Mänade« *wäre* sie nur als Rennende, Tanzende. *Nereiden aber sind Reitende:* »mit untergeschlagenem Bein in Rückenansicht«[56] auf Meerungeheuern. Die schönste reitet auf einem Seepanther.

Ariadne statt Dionysos: Klassizismus als Kompromiß

Seepanther wurden laut spätantiken Gelehrten am häufigsten vor der andalusischen Küste gesichtet: »Fürchterlich ist der Biß des Landpanthers, doch der des Seepanthers noch gräßlicher.«[57] Zum Glück sind beide Rassen ob ihres dionysischen Ursprungs dem Wein zugetan; macht man sie betrunken, dann kann man sie zum Tanzen bringen, nachher fangen. Wenn David d'Angers behauptete, Danneckers Ariadne sei »die Kopie einer gemalten Figur, die man in Herculaneum fand«, meinte er die *Nereide von Stabiae*, die dem Seepanther mit Dra-

43 *Nereide auf dem Seepanther. Kupferstich nach einem Wandgemälde aus Stabiae in: Le pitture antiche d'Ercolano, Bd. 3, Taf. 17. Neapel 1762*

chenschwanz, den sie reitet, anfeuernd oder zähmend Wein einschenkt *(Abb. 43, 44)*. Sie wurde am 4. April 1760 gefunden und kam ins Museum. Kunsthistoriker haben David d'Angers' Tip nicht verstanden, darum gereizt verworfen.[58] Sie übersahen, daß a) die »gemalte Figur« keine Ariadne darstellen mußte, b) »Herculaneum« Künstlern 1760–1800 nicht dionysische Mythen- und Ritenforschung in situ bedeutete, sondern die Bekanntschaft mit tausend reizvoll-vorbildlichen Posen, Figuren, c) dafür drei Bücher ausreichten: das herrliche, ab 1792 neunbändige Galeriewerk »Antichità di Ercolano« sowie dessen Plagiate in Deutschland durch Chr. G. von Murr, in Frankreich durch S(ylvain) M(aréchal). Die nordischen Billigausgaben zeigten die Reitende in seitenverkehrtem, oft klecksig koloriertem Umrißstich; ihre Schönheit überstand es. So kann Dannecker in seinen Lehrjahren der »Nereide

44 *Ariadne auf dem Panther, Rückenansicht. Tonbozzetto, 1803*

auf dem Seepanther«, lange vorm Ureinfall der »Ariadne auf dem Panther«, bis zu dreimal, in Stuttgart, Paris, Rom, begegnet sein. Natürlich sah er sie auch ein viertes Mal: am Ziel aller Italienwallfahrten junger Künstler, im Königlichen Museum zu Portici.

Wann Dannecker während seines Rom-Aufenthaltes 1785–89 nach Portici kam, wissen wir nicht. Zwei junge Deutsche, die am 6. April 1787 aus Rom gemeinsam nach Neapel, Pompeji, Portici aufbrachen, interessieren hier um so mehr. Es waren der angehende Bildhauer aus Stuttgart, Philipp Jakob Scheffauer, und der abgedankte Gymnasialprofessor aus Berlin, jetzt Goethe-Schüler in Rom, Karl Philipp Moritz. Dannecker war mit Scheffauer auf die Karlsschule gegangen, dann nach Paris, Rom gezogen; mit ihm lernte er wohl auch Moritz kennen. Kein Schriftsteller, Denker hat ihn stärker beeinflußt. Moritz druckte 1789 (in seiner Zeitschrift »Italien und Deutschland«) die früheste Reproduktion einer Arbeit Dannekkers. Dannecker entnahm das Programm für zwei berückend gelungene Werke (»Parzen« 1791, »Grazien« 1795) Moritz' wirkungsstärkstem Buch, der »Götterlehre« von 1791.[59] Dort steht aber auch, im Kapitel »Bacchus«: »Unter den Tieren ist *der gefleckte Panther* dem Bacchus geweiht; es ist *die Wut, die Grausamkeit* selbst, welche durch ihn *gezähmt* wird und sich zu seinen Füßen *schmiegt.*«[60] – Das ist der Keim, dem »Ariadne auf dem Panther« (zumindest ideell) entsprang: Kreuzung des alten Wandbilds mit einer neuen Kunstlehre. Die Seebacchantin von Stabiae glich dem Bacchus von Weimar/Berlin: als die *Tränkende-und-Reitende* dem *Berauschenden-und-Zähmenden.* Spannt die Dionysos-Deutung des Klassizismus allen Kunstakt zwischen »wilde furchtbare Begeisterung« und Vergeistigung, zwischen Entfesselung und Bändigung – so mußten ihm sublimierende Tat, Wirkung der Kunst schier verkörpert erscheinen in der antiken Dompteuse des Ungeheuers. Die Verkehrung des Reiters in Reiterin erhielt hohen Sinn (oder bestes Alibi): Das Kultbild des Weingotts aus heidnischem Jahrtausend häutete sich wie von selbst zur Symbolfigur des Kunstschönen um 1800. Gefunden war »das Sinnbild, daß die Schönheit alles, auch die wildeste Kraft, zähmt und fesselt«[61]. »Ariadne« hatte ihr Programm, Dannecker konnte seinen äußersten Ehrgeiz wagen: *Kunst-als-Zähmung als Kunstwerk* zu gestalten.

Nur: Moritz' heidnischer Katechismus *(Abb. 45)* hatte nicht auf Zähmung, sondern Befreiung gezielt. Die »Götterlehre« gehört zu den großen kleinen Büchern; sie erwuchs aus dem glücklichen Zusammendenken von Moritz und Goethe in Rom 1786–88. Sie setzt *Natur* und *Mythos* und *Kunst* in eine Analogie des dreifach in

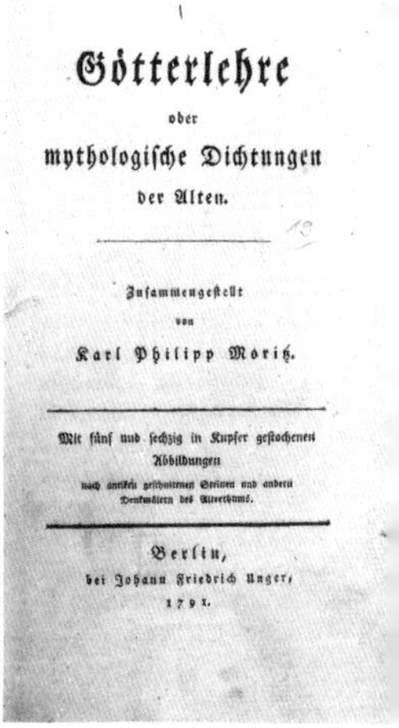
Götterlehre
oder
mythologische Dichtungen
der Alten.

Zusammengestellt
von
Karl Philipp Moritz.

Mit fünf und sechzig in Kupfer gestochenen Abbildungen
nach antiken geschnittenen Steinen und andern Denkmälern des Alterthums.

Berlin,
bei Johann Friedrich Unger,
1791.

45 *Karl Philipp Moritz, Götterlehre; Berlin 1791. Lange nahm man an, daß Moritz, der 1785 den erstaunlichen autobiographischen Roman »Anton Reiser« veröffentlicht hatte, seit seiner Ankunft in Rom nur noch Goethes Sprachrohr war. Der »Versuch einer deutschen Prosodie« 1786 und »Über die bildende Nachahmung des Schönen« 1788 stellen jedoch eigene ästhetische Positionen dar, von denen Goethe Nutzen zog.*

sich Vollendeten, Autonomen. Befreit werden sollen: die *Welt* von einem außernatürlichen, spirituellen Herrgott; das *Weltbild* von verordnetem Glauben an einen ethischen oder eschatologischen Gesamtzweck; das *Bild* aber von allem Dienst an prahlendem Staatsruhm oder bigottem Dogma. Moritz', Goethes Kampf dafür, daß das Bild (mikrokosmisches Abbild der Kunst) Symbol sein soll statt Allegorie, bewaffnete die Kunst nicht nur rückwirkend gegen höfischen, kirchlichen Sinngebungs- und Befehlsanspruch – sondern vorausschauend: sowohl gegen das politisch-moralische Kampfpathos der Revolutionsmalerei (die mit Davids »Horatiern«, ein paar Gassen weit von Goethes und Moritz' Rom-Quartieren, soeben begonnen hatte) als auch gegen die biedermeierliche bis viktorianische Tugendpredigt des nächsten Jahrhunderts. – Die Götter Griechenlands sind also (wie jedes Bewegende des Alls, wie die Antriebe der Menschheit, wie die großen Themen der Kunst): Mächte und fragen uns nicht, ob sie gut oder böse zu sein haben.[62] Die Spitze solch riskanter *Emanzipation der Lebensmächte* heißt Dionysos. An ihm zeigt sich's: Mit wieviel Sprengkraft, Anarchie kann, will die Immanenz der Natur, der Menschenwelt, der Kunst leben – jetzt, da keine überkreatürliche Herrschaft mehr sie züchtigt und beschützt?

Die Seinsweise des Dionysos wächst zum Kriterium, doch auch zur Krise jeder Götter-, Welt-, Kunstlehre »in rein menschlichem Sinne«[63] – sich ballend im tragischen Paradox: »Dasselbe, was die Menschheit mit jugendlichem Feuer beseelt, untergräbt und zerstört sie auch.« Mit dem »Tragischen« wird Entfesselung freilich in den Bereich der Kunst verwiesen: »In dem hohen Sinnbilde [mußte] alles das sich zusammenfinden, was, *wenn es wirklich wäre*, die Menschheit zerstören würde.«[64] Sollte nun die »Allgewalt des Genusses«, der Gesittung zuliebe, tatsächlich aus dem Leben ausgegrenzt, in die (tragische) Kunst als Quarantäne für das Destruktive abgeschoben werden – so nützte das dem Leben wenig: Kunst wahrer Entfesselung würde eben diese Grenze zuerst überschreiten, verwüsten. Darum muß die Kunst selbst gefesselt werden im Trugschluß des Klassizismus: Da sie das Zerstörende darstelle, bewältige sie Zerstörung. Nicht als *Macht der Wildheit*, sondern als *Macht über Wildheit* wird Dionysos-der-Kunstgott verehrt. Der Weg von Goethe/Moritz/Danneckers Göttersicht durch zwei (Anti-)Revolutionsjahrzehnte (Rom 1786–88, Weimar/Berlin 1791, Stuttgart 1804) entfaltet die Konsequenzen daraus: Kunst lehrt das Leben bald wieder Selbstzucht, statt mit dem Leben Selbstbefreiung zu lernen. Auf daß jeder Konflikt gefahrlos zur Synthese gerate, wird Naturverdächtiges lückenlos vorsublimiert, vorversöhnt.[65] Schönheit bezähmt Wildheit – gewiß: wenn Schönheit in sich schon zähmend statt befreiend, wenn Wildheit geschönt gedacht ist. Eifrig hat Dannecker das begriffen, als Chance für sein größtmögliches Sujet ergriffen. Zur Kunstfigur der Kunst erhob er die üppige Reiterin auf lahmem Tier: statt Dionysos die Dame Ars.

Ästhetik und Erotik

Der Ort der »Ariadne« im deutsch-klassizistischen Kompromiß wird erst deutlich vor dem Horizont Europas. Im Herbst 1783, als Dannecker zu Fuß nach Paris reiste, versuchte ein Hauptmann der Artillerie irgendwo in der Bretagne, die Preisfrage der Akademie von Châlons-sur-Marne zu beantworten: »Was wären die besten Mittel, um die Erziehung der

Frauen zu vervollkommnen?« Die Antwort, aus der eine kraß neue Soziallehre, Ethnologie, Anthropologie entstehen sollten (und nie fertig wurden), hieß: »Es gibt kein Mittel.« Denn: Die Frau ist Sklavin des Mannes; Erziehung soll die Fähigkeiten des Individuums entfalten; Sklaverei aber will die Fähigkeiten des Individuums abtöten. »Also ist die Frau in der Gesellschaft (la femme sociale) nicht erziehbar.« – Der Autor/Agitator ruft den Frauen zu: »Erwartet keine Hilfe von den Männern, sie sind die Schöpfer eures Elends; sie haben weder die Lust noch die Macht, es abzuschaffen. Sklaverei endet nur durch eine große Revolution.« Die Frau der Vorzeit (la femme naturelle) war »ein freies, mächtiges Wesen«. Die zusammengerotteten Männer unterwarfen, verkrüppelten sie. Die *Herrschaft der Männer über die Frau*, der Anfang unserer Gesellschaft, »ist kein Naturrecht im Sinne der Gelehrten, und doch ein Recht der Natur: Sie ist *die erste Rache*, die die verlassene Natur am gesellschaftlichen Menschen nimmt.«[66]
Der Hauptmann Pierre-Ambroise-François Choderlos de Laclos hatte eben in dem Jahr, bevor er seine Studien für die Preisfrage begann, einen Roman beendet, der laut Baudelaire »brennt wie Eis« – »der erhaben ist wie die erhabensten, tief wie die tiefsten Bücher«[67]. »Les liaisons dangereuses« erzählten *die zweite Rache* der Natur an der Gesellschaft: die *Herrschaft der Frau über die Männer.* Sich-Umschmieden der Frau zu ihrer eigenen Kampfmaschine im »ewigen Krieg zwischen ihr und den Männern«[68]: es wurde vom Roman dargestellt als die Existenz, die Tat der Marquise von Merteuil. Ihre Existenz: »Ich bin mein Werk.« Ihre Tat: »Ich bin geboren, mein Geschlecht zu rächen und über das Eure zu herrschen.«[69] – Laclos' »Erziehung«-Fragment setzt die »Liaisons dangereuses« rückwärts fort: Aus den

Strategien der »femme sociale« leitet es mit gnadenlos extremer Logik eine Ur- und Weltgeschichte der Zivilisation ab. »Die Erfahrung langer Jahrhunderte lehrte die Frauen, Macht durch List zu ersetzen. Sie durchschauten endlich, daß, da sie schwächer waren, ihr einziges Werkzeug Verführung hieß.« Im Stand sozialer Verderbtheit »greift die Phantasie weiter als die Natur«. Um die Phantasie der Männer anzustacheln, gefangenzunehmen, mußten die Frauen »sich verweigern, wo sie sich hingeben wollten: *Das war die Geburt der Schönheit und der Liebe.*«[70] Laclos' Geschichtsphilosophie der Herrschaft entläßt aus sich eine *Ästhetik des Widerstands.* Schönheit ist die Notwehr der Opfer des Patriarchats, die sich zum Objekt verstellen und entziehen: Schönheit ist Betrug und Gegenwelt.

Wie verhält sich die Formästhetik des Klassizismus von *Schein und Idealbild* zu solcher materialen Ästhetik von *Betrug und Gegenwelt*: ausschließend, verträglich oder gar kongruent? Klassische Kunst gründet auf der Differenz zwischen Herrschaft und Domestikation. Doch eben daß Domestikation (und die Gesellschaft als System der Domestikationen) von Herrschaft kommt und Herrschaft bleibt, hat der Romandenker der Masken, Demaskierungen enthüllt. Dannecker/Ariadnes Losung »Schönheit bezähmt Wildheit« wird deshalb von Laclos/Merteuil nicht angefochten, sondern um das ergänzt, was sie verschweigt: *Schönheit bezähmt Wildheit – die sie wild gemacht hat (Falttafel 3–4).* – Solches Verschweigen müßte der Kunst nicht feindlich, nicht einmal äußerlich sein. Ist nämlich der Akt der Schönheit Restitutions-, ja Racheakt (wie der von Lucas' Phyllis, Füsslis Brunhild), so wirkt er nur, wenn er dies verbirgt: wenn es der »List« und Gegenmacht der Frau, der Kunst gelingt, Schönheit sogar als *das* Reservat der Freiheit von Macht, das Reich des Selbstzwecks, auszugeben. Laclos' Ästhetik-als-Widerstandslehre wiese somit der Klassik einen genauen Ort zu: den der höchsten vormodernen Kunst – des vollendeten Scheins-als-Betrugs. Ariadne wäre Sinnbild der Klassik: gerühmteste Schönheit im Moment der äußersten Täuschung. Als Frauenkörper und Verkörperung der Kunst priese sie Zähmung, indes sie (Gegen-)Herrschaft übt.

»Ariadne« holt ihre Wirkung aus diesem Zug – und aus dessen Widerruf. Ihr innerer Prozeß bleibt: daß Kunst die Gegenherrschaft der Natur umbiegt zur Herrschaft über die Natur.[71] Auch Domestikation gerät der deutschen Klassik nicht zur Versöhnung von Mensch und Geschöpf, sondern zum Sieg des Ideals über das »Stoffartige« (Schiller). *Ästhetik wird getrennt von Erotik.* Wie »un-natürlich« diese Trennung ist, weiß der Mann auf der Straße. Fragen wir ihn, was schön sei, sagt er: Eine schöne Frau. Kant aber ließ die Ästhetik von der Erotik nicht einmal als ihrer Grenze berühren. Wo er den Genuß des Angenehmen ausschließt vom Wohlgefallen am Schönen, nennt er als Beispiel die Befriedigung des Hungers statt des Geschlechtstriebs: Suppen statt Liebe. Wo er die Kunst scheidet vom Naturschönen, redet er von keiner Frau (keinem Mann) – sondern von Blumen, Vögeln, Insekten.[72] Die Folgezeit wählt sich die Linie von Kant zu Schiller (nicht von Winckelmann zu Goethe) zur Tradition. Roher als die Klassik nutzt ihr preußischer Nachläufer Schinkel Kants Erbe: »Die höhere *Herrschaft über die Natur,* wodurch der widerstrebenden das Majestätische der Menschheit als Gattung, das der Ideen, *aufgedrückt* wird, diese Herrschaft ist das eigentliche *Wesen der schönen Künste.* Sie ist das Werkzeug der Ewigkeit der Ideen.«[73] Mit Laclos gedacht: Sie macht Kunst zum Werkzeug der Verewigung des Patriarchats.[74]

Das Ende der Bildhauerei

Keine Gattung hat sich der affirmativen Idealität des Klassizismus gefügiger verpflichtet als die (»antikische«) Bildhauerei. Für ihre angestammte Extravaganz, lauter Nackte hineinzupflanzen in eine Welt von Bekleideten, büßte sie mit um so wohlanständigerer Über-Sinnlichkeit. Scheut sich aber eine Kunst im 19. Jahrhundert, das neue Patriarchat zu verraten – verrät sie dann nicht die Kunst an das Patriarchat? Nach Dannecker, Canova entsteht jahrzehntelang keine große Frauen- und Göttinskulptur mehr.[75] Dann geschieht Erstaunliches: *Das Widerständige der Bildhauerei emigriert in die Literatur.* Die Marmor- oder Bronzefigur der Frau-und-Göttin selbst, aus ihrem Eigenreich verbannt, tritt als Rachedämon in die romantisch-moderne Novelle. Von Eichendorffs »Marmorbild« 1817 angekündigt, offenbaren sich Drohung und Vergeltung der unterjochten Lebensmächte in zwei großen *Statuen-Geschichten* aus dem Jahr 1837: in Mérimées »Venus von Ille«, in Heines »Elementargeistern«. Der Parteiwechsel, Aufruhr des Göttinbilds, verbietet, Antike und Kunst weiter als *die* Rechtfertigung patriarchalischer Idealität, »Herrschaft über die Natur« zu gebrauchen. Ja, die Rächerin Venus straft (Wiedergängerin des dreifach Besiegten, Verdrängten) eben im Namen des verketzerten *Heidentums*, der gefesselten *Schönheit*, der entmachteten *Frau* eine neuprüde, raffgierig enge Christen-, Bürger- und Männergesellschaft.

Die »gebildeten Stände« spürten, daß Dannekker dabei war, die Mächtigkeit der Entmachteten zu preisen – und lohnten ihm, daß er es vorzog, sie wieder abzuwehren. Daß Ariadne an Laclos' »femme naturelle«, an Mérimées Venus zu messen ist, bezeugen ihre gemeinsamen

Maße: deren lebensähnliche, *etwas* überlebensgroße Unheimlichkeit. Laclos über die Ur-Frau: »Ihr Wuchs war groß und stark, und ihre Umarmungen, die dem Mann des Naturzustands noch zu schwach vorkommen mochten, würden unsere zarten Herrchen erdrosseln.«[76] Mérimées Erzähler über die Venus-Bronze (die ein »Herrchen« umarmend erdrosselt): »Aus der Ferne konnte ich kaum ihre Haltung, nur ihre Maße unterscheiden; sie schien mir *etwa sechs Fuß* [≈ 1,95 m] groß.«[77] Und Rapp über »Ariadne«: »Die weibliche Figur [ist] etwas über die gewöhnliche Frauen-Größe hinaus, und würde, gerade aufgerichtet, *wenigstens sechs rhenische Fuß* [>1,89 m] messen.«[78] Im übergroßen Abbild einer Frau dämmert die Imago der übergroßen Frau. Die Steinmasse zeigt und versiegelt, was Laclos angstbebend, glücksehnend ersann, was Mérimée erzählgenau beschwören wird: *das Traumbild der Riesin.* Sie spukt, wie aus einer unbekannten Phantasienovelle, 1817 in Ackermanns bizarrem »Ariadne«-Aquarell: die süße starke Untote, Taggespenst im Park *(Abb. Umschlagrückseite).* Ab Mitte des Jahrhunderts wird das Göttinbild mehr und mehr zum Riesenweib säkularisiert, psychologisiert: mit dämonisch drohender Seele hinter ausdrucksleer großen Zügen. Zwischen Mythos und Psyche vermittelt dann, wie Füssli es vorausahnte, die Ur-Verratene, Ur-Rächerin: Brunhild als Leitfigur.

Hebbels, Wagners Brunhild rächen mythisch den alten Vernichtungssieg der Christen über das Heidentum – psychologisch den modernen Liebesverrat des Bürgers an der Geliebten wie an der Ehefrau. Vollends führt Ibsens Brunhild (»Die Helden auf Helgeland«, 1858) zur »grande hystérique«: Hedda Gabler. Daneben wird Mérimées »Venus«-Mär weitergeplündert, um männliche Angst- und Wonnephantasien mit dekorativ-urtümlicher Größe zu

46 *J. A. D. Ingres, Bildnis der Mme Moitessier, 1856. London, The National Gallery*

schmücken: Eine marmorne Gartenfigur der Venus droht in Sacher-Masochs »Venus im Pelz« (1869) als der strafenden Domina Doppelgängerin. Als Göttin Diana kostümiert, mordet in C. F. Meyers »Hochzeit des Mönchs« (1884) eine skulptural mächtige Verschmähte, Geschmähte: »dieses kaum aus dem Rohen gehauene *breite Stück Marmor*! diese verpfuschte *Riesin*!«[79]. Um Antik und Germanisch fatal zu vermengen, muß aber »Ariadne« höchstselbst eingreifen: Mit ihrer Porzellankopie über dem Schreibtisch *(Abb. 1)* erträumt Fr. Th. Vischer den Roman »Auch Einer« (1879). Dessen »dämonische« Heldin naht dem Erzähler im Schlaf als *Marmor-Venus zu Knidos;* doch vor ihren »unheimlich, monströs« »großen Formen« »mit *Brunhildenkraft*« jubelt er: »So müssen die altdeutschen Heldenweiber gewesen sein.«[80] Kostümfeste männlicher Selbst(auf)-peitschung verkitschen jetzt Lust und Schrekken von Laclos' Natur- als Frauenmacht. Deren Vision leuchtet zuletzt (nach Heine, Mérimée) in zwei herrlichen Verkörperungen. In Baudelaires »Riesin« von 1857: »Du temps que la Nature en sa verve puissante/ Concevait chaque jour des enfants monstrueux,/ J'eusse aimé vivre auprès d'une jeune géante,/ Comme aux pieds d'une reine un chat voluptueux.«[81] Wortlos vom gleichen Glück sagend, in Ingres' Frauenbildern: nicht in Thetis, Andromeda, eher den Odalisken – am erhabensten aber im Bürgerin-Porträt der Mme Moitessier von 1856 *(Abb. 46)*.

Ingres, der Moderne unter den Klassizisten, dient hier leibhafter Frauenmacht mit sublimer Artistik: So beschämt er, inmitten spießiger Kunstvergötzung, alle Unterwerfung des Naturschönen unter das Kunstschöne. Im flachstmöglichen Bildraum läßt er aus zahllosem Kulturtinnef von Quasten, Rüschen, Ringen, Fächern nah und gewaltig die Würde des

47 *Das »griechische« Profil im Spiegel. Ausschnitt (aus Abb. 46)*

48 *P. Picasso, Drei Frauen an der Quelle, 1921; Ausschnitt (seitenverkehrt). New York, Museum of Modern Art*

49 *Ariadne auf dem Panther; Ariadne-Kopf im Profil*

Fleisches hervortreten. In der Tiefe des Spiegels aber öffnet er das geheime Reich der Porträtierten: im Dämmer von Natur und Tod ihre innere, unverwüstliche Antike. – Picasso wird (auch er eine Antike seliger Frauenmacht suchend) das Spiegelprofil der Mme Moitessier endlos variieren *(Abb. 47–48)*. Dieses Profil mag nun selber wie eine Variante wirken: des Ariadne-Kopfes *(Abb. 49)*. Wie platt bleibt aber die Faßbarkeit des Marmors gegen die Traumvergrößerung im Gemälde. Nicht weil »Ariadne« zu antikisch ist, sondern weil sie eine stärkere Antike zweimal versäumt hat, verstellt sie den

Weg zur Moderne. Der Bozzetto urbanisierte der Nereide elementnah Betörendes (das Goethe in »Faust II« besang). Das Marmorbild aber scheute sich, als es das Sonderparadies von Canovas und Flaxmans Jungfrauen verließ, sich an die Spitze der Frauenbilder zu setzen, mit denen Ingres, Picasso der Antike dann neuen Sinn gaben: ihre unverstümmelte Sinnlichkeit wiedergaben.

* * *

Danneckers Hauptwerk verfällt vorm Tribunal seiner Zukunft Baudelaires genialer Fangfrage, *»warum die Bildhauerei langweilig ist«*[82]. Was aber der »Ariadne« Verzagen verschuldet hat an der Kunst ihrer weitesten Nachwelt: das erscheint im Schicksal der Formen um 1800 als Versagen an der Kunst ihrer nächsten Vorwelt. Zerfall der Traditionen setzte im späten 18. Jahrhundert ausgefallenste Energien frei. Wie stellte sich Dannecker ihnen?

Im *Niedergang der Allegorie* gelang es noch Blake, Füssli, David, die abgebröckelte Allgemeinheit des Barock zu ersetzen mit ketzerisch verstiegenen Privatmythologemen: poetischen, erotischen, politischen Pathos- und Wahnwelten. Bieder wirkt »Ariadne« neben Blakes klageheulenden Emanationen, Füsslis perfiden Athletinnen, ja neben Davids »Horatier«-, »Brutus«-Weibern, denen statt malerischer Valeurs skulpturaler Riesenwuchs im Jammer und Leiden zufiel. Sie agierten Gigantenkämpfe, wo Dannecker den Trieb- und Machtstreit seines Figurenpaars vorharmonisierend verharmlost. – Weiter hat »Ariadne« teil am *Niedergang der Symbolform:* dem Auseinanderbersten von Leib und Bedeutung. Auch hier meidet es Dannecker, das extreme Zerfallsprodukt zu ergreifen: mitten in verdinglichender Bürgerwelt eine schamlos neue Natursuche zu wagen. Aus den Scherben des Sinnes sprießt ihm statt bös-wahrhafter Sinnlichkeit nur mahnende Moral. Halbem Abbau, halbem Bewahren heteronomer Emblematik wie autonomer Schönheit entsprang aber auch *kein Aktporträt auf dem Pantherfell.*

Man mag hier ungeduldig fragen: Wie soll man sich denn Danneckers Frau-und-Tier überhaupt wünschen? Hätten sie eine anmutige »Ariadne auf dem Panther« bleiben, zur Gigantomachie »Schönheit bezähmt Wildheit« wachsen, sich zur verbotesprengenden »Frau auf dem Sofa« erneuern sollen? Antwort darauf zu geben, oblag Deutschlands Kunst im 19. Jahrhundert. Weil Danneckers Generation die zeitgerechten Entscheidungen ausschlug, vertauschten die nächsten drei Generationen die Ariadne, statt mit neu erlebten Menschenleibern, mit der gepanzerten Germania auf Siegessäulen. Die Bildhauerkunst war endlich ganz affirmativ – nur keine Kunst mehr.

Die Erfindung des Kitsches

Kann die Bildhauerei des 19. Jahrhunderts »langweilig« sein – das Bildwerk aber, das dafür stehen soll, von krassester Wirkung? Die Frage des Anfangs kehrt wieder: Was ist *die eigenste Wirkungsart* der »Ariadne auf dem Panther [des Dionysos]«? Allegorie, Symbolform, Realismus: diese drei Ausdruckswege, Zeichensysteme sah der Abendländer bis 1910 als »Kunst« an. Gibt es ein Viertes, dem der enorme Erfolg der Statue entsprang? Ihre wahre Formel fanden wir mit Laclos' Hilfe: Schönheit bezähmt Wildheit – die sie wild gemacht hat. Ihr innerer Prozeß ist aber, daß sie diese Wahrheit nicht wahrhaben will. Eben der Prozeß führt ins 19. Jahrhundert. Lüstern/prüd geweckte/verleugnete Erotik und ihr aufgeklebte Moral liefern der Gruppe »Sie auf dem Es des Er« die zweideutige Handlung, die einmal »Frau will zum Mann«, dann aber »Schönheit bezähmt Wildheit« heißen soll. Der epochale *Bund von Lüsternheit und Prüderie* zensiert nun nicht bloß das Erzählsujet der »Ariadne« – als *Zwang zum falschen Zeichen* prägt er ihre ganze Zeichenbildung = Sprachstruktur. Daß die Schöne ihre Bedeutung platt auf der Haut trägt, ihre Haut aber als hehre Bedeutung daherträgt: solche Doppelofferte (Grelle fast aller Programmkunst, Bauchtanz der »Idee«) wird musterhaft für die Strategie des *Kitsches*. Sie besorgt dem Fastemblem, Fastsymbol, Fastaktporträt seine kurze Unsterblichkeit: erst als einzigartigem Nachempirepopanz in Bethmanns Museumsheiligtum, dann als Tausenden gegossener, gepreßter Gründerzeitidölchen auf Kredenzen, Vertikos, Etageren. Die Reiterin triumphiert als Vorreiterin. Kitsch ist *der Vierte Weg der Kunst* nach 1800. Nicht philiströse Kunstbeschneidung, sondern die Scheu der Kunst selbst vor sittlichem und ästhetischem Wagnis macht, daß sich jetzt ein neuartiger Schleichpfad bahnt aus der Sphäre der Triebe zur Welt der Bilder. Kitsch ist der Weg des gehemmten, verfälschten Ausdrucks. Solche Fälschung geht nicht zynisch-bewußt ans Werk (wer ihr das unterstellt, soll versuchen, auch nur eine verkäufliche »Zigeunerin mit Nelkenstrauß« zu malen, einen erfolgreichen Lore-Roman zu schreiben). Der Vierte Weg führt durch ein bald schattenhaftes, bald grelles Zwischenreich der unwillkürlichen Zeichenerzeugung, die sogar »spontaner« als andere Kunstsprachen wirken mag. – Dagegen ließe sich halten, daß der Produktionsgang und -zwang des Kitsches nicht künstlerisch, sondern nur täuschend kunstähnlich sei. Die materiale Entzifferung seiner Signale wäre dann nicht der

Ikonologie aufgegeben – sondern der Psychoanalyse, die sich überlegene Kompetenz erwarb im Bereich unwillkürlicher, unbewußt-entstellender Zeichenproduktion: als Traumdeutung. Die Zuständigkeit der Psychoanalyse ist das 19. Jahrhundert (oder: das ewige 19. Jahrhundert). Dessen Lüsternheit-und-Prüderie, Dammbau zwischen Tiefe und Ausdruck, bewirkte eine pathogene Störung jener rastlosen Bilder- und Zeichenschöpfung, die, offenbar mit der Erkenntnis gleichrangig, Bedarf und Merkmal menschlichen Ichseins ist.

Freuds Einsicht galt dem gestörten Bild. Er erforschte dessen Semantik allerdings nicht, um die Lügen des Traum- und Phantasiemechanismus anzuprangern – sondern weil ihm nur die Lüge etwas verriet von der erstickten Botschaft der Seele. Deshalb hegt der Therapeut eine neugierige Hochachtung für das falsche Zeichen, das der Kunstkritiker verklagen muß. Und deshalb leisten *Freuds frühe Versuche einer Kunsttheorie:* nur eine *Theorie des Kitsches.* Der Vortrag »Der Dichter und das Phantasieren« (1907) geht davon aus, daß die wesentliche Tätigkeit der Künste (»des Dichters«) eben das *Phantasieren* sei. Der Kernsatz heißt: »Unbefriedigte Wünsche sind die Triebkräfte der Phantasien, und jede einzelne Phantasie ist eine Wunscherfüllung, eine Korrektur der unbefriedigenden Wirklichkeit.«[83] Verkannt wird hier, daß Kunst nicht auf Dienst an Wünschen aus ist, sondern auf einen Widerschein der Wahrheit (und ihrer Abart Wirklichkeit) – und daß das Komplizentum von Zensur und Beschönigung wie im Traum (das dort den Wunschausdruck zwar verformt, aber erst ermöglicht) bloß falsche Kunst, kunstförmigen Kitsch erbringt. Hingegen: Die rätselhaft zwingende Symbolbildung, Symbolfügung etwa eines Mörike-Gedichts spricht Wissen aus, das in Alltagsrede nicht zu sagen ist. Auch ihrem Gelingen geht eine Kontrollarbeit an der Dämmergrenze, Traumpforte voraus. Doch zielt diese, statt auf anbefohlene Verblümung, auf Beredtheit und Genauigkeit der Bilder, auf die Triftigkeit ihrer Assoziation.

Freuds Kunsttheorie von 1907 gründet auf seiner längsten Literaturdeutung »Der Wahn und die Träume in Jensens ›Gradiva‹« von 1906: auf der Exegese grauenhaften fin de siècle-Kitsches. Aber nicht erst in der »Selbstdarstellung« (1925) sprach Freud von »Gradiva« als einer »an sich nicht besonders wertvollen Novelle«. Im Vortrag über »das Phantasieren« selbst verwies er bahnbrechend auf die *Trivialliteratur*: »Suchen wir für unsere Vergleichung [träumerischer mit dichterischer Phantasie] nicht gerade jene Dichter aus, die von der Kritik am höchsten geschätzt werden, sondern die anspruchsloseren Erzähler von Romanen, Novellen und Geschichten, die dafür die zahlreichsten und eifrigsten Leser und Leserinnen finden.«[84] – Die Definition trifft genau »Ariadne auf dem Panther«. Das müßte freilich den Kunstgelehrten erst recht dazu drängen, das Problem ihrer kunstähnlich-nichtkünstlerischen Suggestivkraft, Erfolgsmagie eiligst an den Psychoanalytiker abzutreten – gäbe es da nicht einen einzigartigen Zufall. *Ein* Schleichweg Danneckerscher (Wunsch-, Traum-)Phantasie hat sich in einer *Folge von gestalteten Bildern* erhalten. Sie reihen sich zu *Vorbild, Skizzen, Werk*. Ihre Verkettung läßt sich nur durch soliden Bildervergleich verfolgen – und ist dennoch unmittelbar schon Zeichenproduktion jener traumartig-lügenhaften Art, die Dannecker der Trivialkunst des 19. Jahrhunderts vorwegnahm und vermachte.

Am Schluß des Kapitels »Bacchus« in Moritz' »Götterlehre« ist Dionysos/Bacchus abgebildet: von Carstens gezeichnet »nach einem schönen antiken Steine aus der Lippertschen Daktyliothek«[85]. Moritz' Beschreibung, Auslegung dieser Gemme hämmert dem Leser nochmals die Motive ein, die das Kapitel dann zur Wahrheit-und-Ausrede von Danneckers »Ariadne« machten: »*Bacchus* sitzt auf einem Wagen, der von zwei *Panthern* gezogen wird; auf den Panthern sitzen Liebesgötter, von denen der eine die Flöte spielt. *Das Grausame und Wilde schmiegt sich unter die Herrschaft des Sanften und Fröhlichen.*«[86] In eitel Zähmen und Schmiegen endet also schon Moritz' Erwekkung des Dionysischen, mit dicklichen, beflügelten Putten. Dannecker muß diese Rechtfertigung seines Kunst-Kompromisses immer wieder gelesen haben, bis er das Bild dazu, auf der gegenüberliegenden Seite des Buches, im Schlaf hätte nachzeichnen können. Er hat es im Schlaf nachgezeichnet.

»Dannecker's Traum« nennen sich die vier Umrißstiche, die am 2. 1. 1807 erschienen: Gabe »eines genialischen Künstlers« an die Erstnummer von Cottas »Morgenblatt für gebildete Stände«. Ihr Begleittext stammt vom Schwager Rapp, Danneckers bestem Ideologen und Manager.[87] Die züchtigen Bilder erzählen die schwüle Geschichte einer Pubertierenden in zwei alternativen Abläufen, also: *zwei* Geschichten *(Abb. 50). Bild 1* zeigt: »Die reifende Unschuld wird von ihren eigenen Reizen und Trieben ihrer Bestimmung entgegengeführt. Sie fühlt das gewisse Etwas, um dessen Namen sie gleichsam nur den Himmel zu fragen wagt.« Sosehr ihr »gewisses Etwas« uns scharf machen mag – die »Bestimmung« der Jungfrau heißt

Ehe. Ihre »Reize und Triebe« sind von Putten verkörpert, die ihren Wagen ziehen. Mit keusch vorm Busen gekreuzten Armen läßt sich die (stets nackte) »Unschuld« in *Bild 2* zum Traualtar rollen: »zu dem Ziel, das ihr *alles* erklärt«. Auch dort sieht man keinen Mann, nur Putten mit langen Fackeln.

Der zweite, alternative »comic strip« beginnt in *Bild 3* damit, daß die Unschuld ihre »Reize und Triebe«, die Eroten also, mit gezückter Peitsche wild vorantreibt: »wo ist die Sittsamkeit? wie schwankt dein Wagen!« Der Wagen stürzt in *Bild 4*, die Reize und Triebe liegen im Kot: Ende der (zweiten) Geschichte. Rapp erklärt, Dannecker habe die vier Bilder »als antike Basreliefs« im Traum gesehen. Er überhäuft sie mit dem gleichen Lob, das »Ariadne« in Zeitungen, Zeitschriften (oft anonym von Rapp) schon bekommen hat: »Diese Ideen, so *echt-alt* sie auch aussehen, sind doch *neu*, und es gibt schwerlich unter den übriggebliebenen Resten der alten Kunst ein *Vorbild*, das ihnen die *Originalität* streitig machen könnte.« *Ein* Vorbild gibt es immerhin: Bild 3 ist so gut wie ein Abklatsch jener Dionysos-Gemme der »Götterlehre«, die Moritz mit dem Sich-Schmiegen des Wilden gedeutet hat *(Abb. 51)*. Bürgt denn nicht einmal der Traum für »Originalität«? Ist er manchmal, oft, immer ein Plagiat?

Die Kongruenz der zwei Stiche fällt nicht sofort ins Auge. Denn beide werden von der Bewegung des Wagens beherrscht: Carstens' *linksgängig*, Danneckers dagegen *rechtsgängig*. In der Staatsgalerie Stuttgart sind aber Skizzen mit Bleistift und Feder für alle »Traum«-Blätter erhalten. Die Prüfung der vier Vorstufen zu »Traum 3« (Gauss, Z 114–7) ergibt, daß Danneckers frühestes, eigentliches *Arbeitsexemplar* sich auf dem doppelseitig bearbeiteten Blatt Z 114 (»verso«) befand *(Abb. 52)*: Es ist *seitengleich* mit Moritz/Carstens' Dionysos-Stich.

50 *Danneckers Traum. Vier Stiche von J. F. W. Müller nach Danneckers Umrißzeichnungen. In: Morgenblatt für gebildete Stände, 2. 1. 1807*

51 *Dionysos auf einem von Panthern gezogenen Wagen mit Eroten als Pantherreitern. Stich von Asmus Carstens nach einer antiken Gemme. In: K. Ph. Moritz, Götterlehre, Berlin 1791*

Nach einigen Abwandlungen (Streichen des fliegenden Putto, Posenwechsel des Fackelträgers), die auf dieser Blattseite geschahen, wurde das Resultat einfach auf die Kehrseite durchgepaust (»114 recto«) und ergab die fertige (in zwei Reinzeichnungen bloß noch am Detail des Wagens korrigierte, aufs »Morgen-

52 *J. H. Dannecker, Nacktes Mädchen auf einem von Eroten gezogenen Wagen (Kat. Gauss Z 114 verso). Bleistift und Feder, 1806. Stuttgart, Staatsgalerie*

blatt«-Format verkleinerte) – jetzt rechtsgängig gewordene Vorlage für den Stecher.
Drei thematische Elemente nur haben sich gegen die Gemme verändert: 1) Die Eroten sitzen nicht vor Dionysos' Stab rittlings auf Panthern, sondern sind (wie auf einer Gemme in Neapel, *Abb. 53*) selber vor den Wagen gespannt. 2) Der Stab, der sie antrieb, ist zur Peitsche geworden. 3) Wer die Peitsche schwingt, ist nicht der Gott, sondern eine Frau. »Traum 3« wiederholt damit verblüffend die Entstehung-gleich-Zeichenbildung der »Ariadne auf dem Panther«. Hier wie dort: Gerade während der Ruhm der Originalität sich auftrumpfend behauptet, wird das moderne Bild aus den Kaleidoskop-Scherben antiker Vorbilder zusammengerüttelt. Hier wie dort: Danneckers »Eingebung« zieht die fremden Fragmente in seine privateste Obsession – die er aber, kaum droht sie sich zu offenbaren, mit biederer Moral auslegt und verdeckt, darstellt und entstellt: »Mädchen! wo ist die Sittsamkeit?«[88] Beide Vorgehen sind traumanalog im Freudschen Sinn. Im Material fungieren die *Vorbilder* wie *Tagesreste*. Im Verwandlungsprozeß besorgt das *Programm* (= ideelle Selbstauslegung) die *Zensurarbeit* (= schönende Bildverformung).

Ariadnes Lüge und Evidenz

Erst »Traum 3« beantwortet die Rätselfragen der »Ariadne«-Deutung – ausplaudernd sein (und ihr) Tiefengeschehen der Verwandlung. 1) Materiell: Wie läßt sich die Dionysos-Vorgabe mit der Ariadne/Unschuld-Eingebung vereinen? Das *Machtsignal* des Vor-Bilds *»Gott«* löst in Dannecker beide Male den *Wunschreflex* des Bildes *»Frau«* aus: Im Geschlechtswandel wird die kosmische Natur- und Lebensgewalt des

Thiasos-Gebieters verkehrt in die private Herrschaftsschau der Reiterin/Peitschenschwingerin. 2) Prozessual: Wie kann das Tonskizzen-Aperçu »Ariadne will zu Dionysos« sich umrüsten zum Marmorbild-Dogma »Schönheit bezähmt Wildheit« – radikaler: Wieso gibt es *zwei Ariadnen*? Dannecker erfährt unter dem doppelten Befehl seines Innenbildes der Herrin und seines Willens zum chef d'œuvre, daß sein Werk einer *zweiten Eingebung* bedarf. Erst das Gipsmodell von 1804 (in der »Traum«-Folge: der zweite »comic strip«) dringt zum wahren Wunschtraum, Traumwunsch durch. Dessen männlichen Erfüllungs- und Abwehrtopos, Zwangmuster, verraten uns über hundert Jahre Rächerin-Fabeln (von Lessings Marwood/Sara bis Meyers Diana/Antiope): Ermordung der sanften Geliebten durch die strafende Herrin. Schuld ist die Herrin, nicht der, dessen Triebe sie riefen. Nicht Dannecker – das Marmorbild löscht den Bozzetto aus, die »Sittenlose« liquidiert die »Unschuld«.
Diesem Augenblick entspringt der Kitsch: die Tragödie des Kitsches. Denn eben Danneckers Durchstoß zu seiner eigenen, innersten Triebwahrheit erzwingt deren Verhüllung, Verfälschung. Weder die Tugendblödigkeit von »Traum 1–2« noch die Lieblichkeit des Bozzetto – erst der Schuldabweisungs-, Bildentstellungsmechanismus der zweiten Eingebung schafft den Großen Kitsch: als unaufknotbare *Einheit von Evidenz und Lüge*. – Einfluß, ja Sinn der »Nereide von Stabiä« wandelt sich mit diesem Wandel. Durchwirkte sie noch den Bozzetto mit unverstümmelt personaler Anmut, so wird sie im Ritus der zweiten Eingebung auf einen einzigen Zug, die Herrschaftspose des Rückenakts, eingeengt: zum Fetisch erhöht, reduziert. Idealisierungs-, Fetischisierungsdruck läßt am Marmoridol sogar die Nacktheit zum Stilgewand à l'antique werden: zur »phantasti-

schen Toilette« im Rollenspiel des Masochschen Pakts.[89] – Mit Ariadnes *Kostümwerdung der Haut* wächst die Szene Herrin/Anbeter zur geheimen Mitte des universalen Faschingsfests, darin das 19. Jahrhundert dann gipfelt und untergeht. Mit Ariadnes *Fetischwerdung des Körpers* aber trennt sich die Sucht nach Frauenmacht von aller Sehnsucht nach dem Matriarchat. Aus dem Unterwerfungsritual darf weder sexuelle Befreiung der Frau folgen noch sozialer Machtausgleich, gar Machttausch zwischen Frau und Mann. (Masoch: »Nach Ablauf der sechs Monate ist von beiden Seiten dies Sklavenintermezzo als ungeschehen zu betrachten.«[90])

Man darf das »Zwei Frauen«-Motiv an der uralten Ikonographie des »Herakles am Scheideweg« messen – um es von ihr abzusetzen. Die Wahl zwischen Virtus und Voluptas war selbst in frauen- und sexushassenden Zeiten noch Verantwortung des Mannes, nicht nur Werk der Eva-Versuchung, der Sündigkeit der Frau. Erst die mögliche Emanzipation der Lebensmächte und deren wirkliche Abwehr durch Lüsternheit-und-Prüderie erzeugen die Seelenmechanismen von »Ariadne« und »Traum 3«. Sie gilt es nun allerdings psychologisch wie ästhetisch zu unterscheiden: am paradoxen Verhältnis zwischen Trieb- und Kunstwahrheit. Die Idealitätsästhetik »Schönheit bezähmt Wildheit«, die Spießermoral »Wer seine Reize und Triebe so mißhandelt«[91] – beide wenden zwar die Sinnlichkeit der Bilder in Bannfluch: Anklage eines (dem »Weib« zugeschanzten) Verstoßes gegen das schwankende Gleichgewicht in der Kunst, in der Moral. Doch *Ariadne* willigt ein, sich als Bändigerin statt Erweckerin von »Wildheit« zu geben. So macht sie den kühnsten Betrug mit: Das Bild der Voluptas spielt sich als Ikone der Virtus auf. Gerade dieser Lüge erwächst aber ihre Mehrschichtigkeit, Undurchsichtigkeit, die als Kunstschein verwirrt und fesselt. – Die *Wildgewordene Unschuld* schlägt hingegen solchen Handel aus. Um sich selbst zu salvieren, bezichtigt der Träumer/Künstler sie eben jener Gier, mit der er sie in die Rolle der Lenkerin gelenkt hat. »Traum 3« zerfällt platt-geheimnislos in pubertär lechzende Herrin-Hörigkeit und biedermeierlich predigende Sexualmoral.

Der Künstler läßt seinen Wunschtraum, Traumwunsch als Eingebung fremd sich gegenübertreten: um ihn entweder zur Vision des Ideals umzudichten – oder als fremden Wunsch, Unmoral, anzuprangern. Jede triftige Kritik am Großen Kitsch mündet darum in eine Kritik der »Eingebung«, »Inspiration«. Ihre Spontaneitätsbehauptung erstritt dem Künstler kaum je die Freiheit, schlechter Konvention unzensiert zu trotzen – nur den Freibrief, seinen selbstzensierten, repressiv umgebogenen Phantasien ungestört zu dienen. Daß Dannecker der Klassizist sogar im Schlaf nur antike Gemmen, Reliefs sah, wäre als Berufskrankheit zu belächeln; daß »Dannecker der Geniale«[92] das Kopierte, Plagiierte als »seine Vision«[93] verstehen und verkaufen wollte, wäre als Künstlereitelkeit zu verzeihen. Doch als er sein fremdes Vorbild verdrängte oder unterschlug, machte er dessen Wandlung zum eigenen Bild (sogar für sich) unprüfbar: aus einem *Arbeitsvorgang der Kunst* zum *Traum-, Zensur-, Fälschungszauber des Kitsches.* – Erst 1878 enthüllte Nietzsche den »Glauben an Inspiration« (»als ob die Idee des Kunstwerks wie ein Gnadenschein vom Himmel herableuchte«[94]) rüde als Selbst- und Publikumstäuschung der Künstler: das prestigeträchtigste, einträglichste Ersatzmysterium der Samtbarettzeit. Rapp pries aber schon 1807 naiv-verräterisch den Taschenspieler-Trick jener »glücklichen Nacht« von »Dannecker's Traum«: »Man wird leicht es fühlen, wie glücklich der Künstler ist, wann er einen so gediegenen Fund tut. Und doch war er es, und nur *er*, der zuerst den Schatz *vergrub* und hernach, *sich selbst täuschend*, wieder *hervorzog*.«[95]

Kitsch und Karikatur

»Ariadne«, »Dannecker's Traum« sind nicht untief; es fesselt sie sogar, weit über das Kunstübliche hinaus, Hörigkeit an das »Vergrabene«. So findet sich ihr Zeichenbestand verblüffend komplett im Arsenal der Traumsymbolik wieder: Putten, Flügel, Reittiere. »Das Kleine ist das Genitale«[96], sagt Freud und ergänzt das mit der »Vermutung, daß ein guter Teil [der] Fliegeträume Erektionsträume sind. (Vgl. hierzu die geflügelten Phallen der Antike.)«[97] Reitträume erweisen sich als »Fliegeträume« mit heftigem Sexualimpetus: Nichts zeigt das klarer – außer der Traumerfahrung selbst – als eben jene (heiter zensurfreie, *un*verkitschte) Trivialkunst der Römer. Die Wände Pompejis wimmeln von jenen *»Kleinen«*, die dann Moritz/Carstens' »Bacchus« wie Danneckers »Traum 1–4« bevölkern. Sie sind *Reiter auf Löwen, Panthern, Ziegenböcken*. Die Kleinsten aber, in Gestalt von Lämpchen, Glöckchen, Ringen, reiten auf *Phallen*: wobei meist nicht die Männlein, sondern ihre Träger, geformt wie Weltraumraketen, Flügel tragen. Wer sich je mit der Masse antiken Kunstgewerbes abgegeben hat, kennt die Reihe kombinierbarer, auch permutierbarer Motive: Kind(Pygmäe)/Geflügeltes/Raubtier-als-Reittier/Phallus(Thyrsosstab)/Gerte/Peitsche/Fakkel) *(Abb. 54, vgl. auch 53, 58)*.

Man hat die »tintinnabula« von Pompeji als *Karikaturen* mißdeutet. Baudelaire erhebt Einspruch dagegen (und ändert nebenbei, ähnlich

53 *Dionysos auf einem von Psychen gezogenen Wagen mit einem Eros als Wagenlenker, der eine Fackel als Peitsche schwingt. Gemme aus Sardonyx, römisch, Ende 1. Jahrh. v. Chr. Neapel, Museo Nazionale*

wie Dannecker, die göttlich/naturdämonischen Reiter in allzumenschliche Reiterinnen): »Was jene fabelhaften Phallen angeht, die von den weißen Töchtern des Romulus unschuldsvoll zum Ritt bestiegen werden, diese monströsen Geräte mit Glöckchen und Flügeln: ich glaube, daß sie einen sakral-ernsten Sinn haben.«[98] Man müsse Christ sein (an den Teufel glauben), um den rebellischen Blick, das höllenkundige Gelächter der Karikatur zu erfinden. Das Mittelalter tat es in Bildern grotesk-schamloser Gesetz- und Geschmacksübertretung auf Kapitellen, Chorgestühlen – oder in Volksfesten karnevalistischen Aufruhrs gegen ordo und religio. Die Neuzeit zeichnete dann immer realere, personalere Zerrbilder: Ein Inventar extremer »Charaktere« wurde aufgerichtet gegen den Normzwang eines nun rational harmonisierten Menschenbildes. Wahre, *Wahrheit freisprengende Karikatur* entsteht aber erst ein halbes Jahrhundert vor Baudelaires eigenem Augenblick: *zeitgleich und wesensverfeindet mit dem Kitsch.*

Große Karikatur läßt sich meist als Spurenhinweis auf den korrespondierenden Großen Kitsch gebrauchen: Sie verhäßlicht zur Wahr-

54 *Eros als Phallusreiter. Römische Gemme. Aus: Eduard Fuchs, Geschichte der erotischen Kunst, Bd. 1, S. 153; München 1908*

heit, was er zur Lüge schönt. Sie tut das auf dreifache Art. Wirkungsästhetisch: Ihre Anarchie in Sujet und Komposition durchbricht das von hohler Würde verhängte Lachverbot. Kultursoziologisch: Ihre Vulgarität wehrt der von Herrschaftsverklärung bewirkten Volksverdummung. Geschichtlich: Ihr Parodieren beseitigt das Veraltete, noch in seiner Verwesung Verehrte, mit einer vitalen Abstoßreaktion. Das Bedeutende, Hehre, Antikische der »Ariadne« machen sie zum Ziel solch dreifachen Angriffs. – Darüber hinaus: Der Weihrauch des Kitsches, die Säure der Karikatur gelten vor allem der Politik und der Erotik. Der Kitsch feiert die erhabenen Ideen, die zarten Gefühle – und will sie um jeden Preis voneinander trennen. Die Karikatur sieht in Politik wie Erotik Lüge und Gewalt – und setzt sie in engste Analogie. Sie vereinen sich im Thema *Weiberregiment*. Es wird vom Kitsch verhüllt oder zur Pornographie privatisiert – von der Karikatur als Skandalon veröffentlicht. Die Dominanzbilder von Phyllis bis Lola sind Attentate auf eine nicht von Frauen, sondern Männern dominierte Ordnung. Weil Aristoteles Fürstenerzieher, Ludwig Fürst ist, schockt es, wenn der eine als Maultier daherkommt, der andere auf den Hund kommt.

Unermüdlich umschwirrt, plagt die Karikatur Danneckers Œuvre, indem sie dessen Verdrehung der Frauen- zur Idealherrschaft stur wieder zurückverdreht *(Abb. 28, 42)*. Aber die perfidesten Zerrbilder von »Dannecker's Traum 3«, von »Ariadne« entstehen *vor* ihnen *(Abb. 55)* oder ohne Kenntnis von ihnen *(Abb. 56)*. Newtons, Marks' Bildformeln verhöhnen die Danneckers nicht nur wie Travestien den Mythos – sie überführen eben deren mythisch-archetypisches Verfahren als bloße Travestie, deren »Eingebung« als Transvestieren. – *Newtons »Traumbild«* übermalt (für eine Erotica-Zeit-

55 *Richard Newton, Traumidee. Holzstich, 1796*

schrift) den Dionysos-Erotenwagen zunächst mit dem Taubenwagen der Venus – um diesen als Medeas Drachengespann zu enthüllen, mit welchem die »dämonischste« aller Frauen nach süßer Rache am Ehemann/Verräter wolkenwärts floh. Diese Medea aber gibt sich als heutige Domina zu erkennen, die gezüchtigte Phallen vor sich hertreibt. Zur Symbolrolle, die Danneckers Putten niedlich verschleiern, bekennen sich schamlos Newtons Fledermäuse: Angestachelt und ausgepeitscht werden hier nicht die rebellischen »Reize und Triebe« der Frau, sondern die besiegten Glieder der Männer.

Marks' *»Münchhausin von Hertford«* erschien im Mai 1819.[99] Geritten/geflogen wird statt auf der Kanonenkugel auf einem Kanonenrohr: für jeden Londoner als der riesige Mörser erkennbar, mit dem Napoleon Cadíz beschossen hatte. Spaniens Regierung verehrte ihn dem Prinzregenten George 1816 zum Geburtstag. Das Gestell dazu, ein Flügelmonster, goß man in England: anspielend auf das von Herakles (= George) vor Gades (= Cadíz) vernichtete Ungeheuer Geryon (= Napoleon). Das Volk nannte die Superwaffe »The Regent's Bomb«; es sprach »bomb« wie »bum« (Hintern) aus.

Lang quälten sich die Karikaturisten (auch Cruikshank) damit, daß eine Kanone so gar nicht an einen Hintern erinnert und daß George nie als donnernder Kriegsheld, nur als lüsterner Pantoffelheld vieler Herzoginnen (etwa als Fahrrad, Sofa unter *deren* Hintern) karikiert werden konnte. Erst nach drei Jahren kam Marks die Erleuchtung. In traumkühner Assoziation fügten sich ihm 1) die »Münchhausin« (statt Münchhausens) als Anekdote, 2) der Phallus (statt »bum«) als Symbol für den Regenten, 3) der Ritt für seine Mätressenhörigkeit, 4) das Kanonen-Flügelmonster als »Tagesrest« – vier Motive zum fünften zusammen: zur Herzogin von Hertford als pompejanischer Phallusreiterin.

56 *Lewis Marks, Die Münchhausin von Hertford. Kolorierter Stich, 1819. Dargestellt ist die Herzogin von Hertford, angeblich Mätresse des Regenten (bald darauf Georg IV.)*

Karikatur ist der Andere Traum. Sie ist der dem Kitsch entgegengesetzte Kurzschluß im Unbewußten: böse Alptraum-Absurdität gegen süße Wunschtraum-Evidenz. Zum Lehrer aller Karikaturisten wird Goya: weil seine Blätter »etwas von jenen periodischen oder chronischen Träumen [haben], die unseren Schlaf wiederkehrend belagern«[100]. In den »Caprichos« (Nr. 19, 20) läßt er die Männer von ihren Huren als gerupfte Küken auf Spieße ziehen, mit langstieligen Besen aus dem Haus kehren: Phallusmacht wird nicht utopisch aufgehoben, sondern böse usurpiert. Die Zote von den Kleinen-und-Glatten, Geflügelten-und-Gerupften eint grobe *Sprichwortrealität* mit innerster *Traum- und Angstsurrealität* – und bekämpft in beider Namen, kunstintern, jene kitschsüß nackten, flatternden Engelchen und Puttchen, mit denen eine nunmehr raffael- und murillosüchtige Hochkunst, Hochmoral zugleich die Malerei und den Volksverstand verpestet. Abgelöst werden bei Goya, mit Hilfe der Karikatur, die verschlissenen Polaritäten von Ideal/Natur, Form/Stoff durch eine neue: Surrealität/Realität. 1797, während die »Caprichos« entstehen, malt nun der verrückte Katasterbeamte Lequeu die bestürzendste Variante des geflügelten Männleins auf geflügeltem Phallos – und setzt darüber den Titel »Was sie im Traum sieht« *(Abb. 57)*.

Hat Lequeus Traum dasselbe Ziel und Vorgehen wie »Dannecker's Traum«: seine eigene als Weibergeilheit zu denunzieren? Gewiß: »Was *sie* im Traum sieht«, ist, was *Lequeu* im Traum sah. Die Nackte träumt das Phallusmännchen; Lequeu träumt die Nackte, die das Phallusmännchen träumt. Doch der Bezug zwischen Künstler und Heldin ist hier nicht Distanzierung, Diskriminierung, sondern Identifikation. Lequeus »Sie« trägt Lequeus eigene Züge, jenem Selbstporträt ähnelnd, in dem er

57 *Jean-Jacques Lequeu, Ce qu'elle voit en songe, 1795. Paris, Bibliothèque Nationale, Cabinet des Estampes*

als gellend lachende, brüsteentblößende Frau (Mänade/Irre?) sich selbst entblößt hat.[101] Der äußerste Frevel gegen geheiligte Gesellschaftsrollen, Herrschaftsrollen heißt: Aufkündigung der Geschlechterrollen. Das Skandalon des Surrealen ist nicht Aufdeckung des Weiberregiments, sondern Bekenntnis zum Hermaphroditismus. Lang war der einsame Vorbote Lequeu tot, als es Marcel Duchamp zum Ruhm gereichte, die zum Traumkitsch kaputtrezipierte Mona Lisa mit Schnurrbart zu schmükken. Nun gilt also nicht mehr, im Namen des Anderen Traums »Kunst« von »Kitsch« neu abzugrenzen – es gilt, ihrer beider gemeinsamen Traumursprung, Wunschursprung von allen Zähmungen, Anpassungslügen freizusprengen. Gegen Freuds Irrtum, den Traum »naturwissenschaftlich« in eine Meyer-Helmholtzsche

Mechanik der Erhaltung der Triebenergien zu sperren (doch im Bund mit Freuds großer Leonardo/Androgynie-Studie[102]), preist der Ex-Karikaturist Duchamp das Kreativ-Zerstörerische des Anderen Traums: die fessellos produzierende statt der verzerrt reproduzierenden Einbildungskraft.[103]

Zum Schluß

Die fliegenden Phallen von Pompeji werden von den Männlein, die auf ihnen wie flinke Jockeys vorpreschen, selbstverständlich nicht »gezähmt«, sondern verdoppelt *(Abb. 58)*. In der Volkskunst, im Traumbild lassen sich die Zugtiere/Reittiere mit ihren Knaben Lenkern/Reitern gleichsetzen oder ersetzen; so auch in Danneckers Phantasien. Sein »Traum«-plagiat von Carstens' Dionysos-Gemme spannt ja die Eroten, die die Panther ritten, an die Stelle der Panther. Ist nun auch jener Panther, der Ariadne zum göttlichen Bräutigam trägt, vertauschbar: mit den langfackeligen Eroten, welche die »Traum«-Jungfrau zum Ehealtar ziehen (und ihr dort den Ehemann ersetzen)? Genauer: Steht der Panther, den Ariadne beherrscht, für die phallischen »Kleinen«, die die »Unschuld« voranpeitscht? – Wenn aber *Panther wie Eroten den Phallos ersetzen:* dann zeigt der Sturz der Eroten (der »Reize und Triebe«) die Katastrophe nicht *ihrer* Reize, sondern *seiner* Triebe an. »Traum 3–4« überfällt den Comic-Zeichner Dannecker mit dem Schock, daß seine Wünsche (Beherrschtwerden) mit seinen Ängsten (Versagen) zeichenidentisch sind. Erschlaffter Zügel, erloschene Fackel, lahm liegende Liebesgötter: Der Sturz der Eroten sagt nichts vom behaupteten Sündenfall der Frau, alles vom befürchteten Fiasko des Mannes. Im

58 *Reiter auf phallischem Raubtier. Glockenfigürchen (»tintinnabulum«), L.: 10,5 cm. Bronze, römisch, 1. Jahrh. Neapel, Museo Nazionale*

Fall des Phallos gibt »Dannecker's Traum« letzte Auskunft über »Ariadne auf dem Panther«. Sie ist, bei aller Thiasos-Kraft, Triumphzug-Pose: der Alptraum eines Scheiterns.
»Dannecker's Traum« entstand während einer Paris-Reise: In dreizehn Jahren (1803–16) waren das die einzigen sieben Wochen, in denen sich Dannecker von seinem Hausgespenst, der in Gips anschwellenden, in Marmor erstarrenden Ariadne entfernen durfte. Eben aus diesem Abstand schwatzten die Stiche, bedrückt-erleichtert, die Geheimnisse der »Ariadne« aus. Juni/August 1806: Das Modell war in Gips ge-

gossen, der Marmor aus Carrara ohne Abnehmer bestellt. Bethmann hatte die Statue 1805 gesehen, biß aber nicht an (erst 1810 wird er den Vertrag abschließen). Der Bildhauer – Sohn eines herzoglichen Stallknechts, Stipendiat Karl Eugens, Hofbeamter Friedrichs – sah sich in der Hauptstadt des Aufsteigers, Allherrschers Napoleon vor der Wahl zwischen Provinzversagen und Weltgeltung: Sein chef d'œuvre mußte gelingen. – Ist »Ariadne auf dem Panther« eine Allegorie der Kunst, so zuerst die Allegorie ihrer selbst: des Zwangs zum Haupt- und Meisterwerk, der den Künstler lenkt und erdrückt. Diesem Zwang (der dann 1814–1914 Tausende dumm-feierliche Tugendallegorien, kreuzbrave Kriegermonumente zeugte) unterwarf sich Dannecker. Um das Große zu ertrotzen, mußte er seinen Klassizismus zu repressiver Idealität steigern, verflachen. Der wahre Titel der Statue hieße: »Sie auf dem Es des Er – oder: Wie das Kunstschöne um 1800 den Kunsttrieb erdrückt.« Darüber zum Schluß noch zwei grausame Geschichten.

Müllers Himmelsturz. – Nie konnten sich Danneckers liebste Interpreten (der »Merkur«-Anonymus, Rapp, Scharffenstein) darauf einigen, ob die schwächlich geratene Bestie unter der Last der spornenden, zähmenden Schönen vor *»Wildheit«* die Zähne fletscht – oder vor *»Wollust«* brüllt.[104] Johann Friedrich Wilhelm Müllers (1783–1816) Umrißstiche, die »Ariadne« von vier Seiten zeigen, schlugen eine dritte, radikal andere Deutung vor. Wer dem Tier lange in die weiß rollenden Augen, in den schwarzen Spalt des Rachens schaut (so sagen die Stiche), dem starren aus dem fastmenschlichen Antlitz *Schrecken* und *Schmerz* entgegen. Zugleich scheint sich aber diese tragische Physiognomie zu verzerren, »karikieren«: zu der »commedia«-Maske des impotenten Greises Pantalone

(Abb. 59) mit dem leeren, wahnwitzigen Entsetzen eines, der »seine Triebe mißhandelt« und überlebt hat. Müller hatte für Cottas »Morgenblatt« 1806 »Dannecker's Traum« gestochen. Er heiratete 1811 Danneckers Ziehtochter Henriette. Die »Ariadne«-Stiche erschienen 1817, nach seinem Tod. Der »Frühvollendete«[105] wußte vom Terror der Idealität; er starb daran.

Der blutjunge Graphiker war 1808 beauftragt worden, einen Reproduktionsstich der »Sixtina« herzustellen. Acht Jahre arbeitete er an der verehrten Gestalt, der großen Antagonistin der »Ariadne« im 19. Jahrhundert; von Goethe bis Wölfflin galt dann sein Blatt als »ein Hauptwerk aller Stecherei«[106]. Man verstand damals die Sixtina als Traumbild: Erscheinung der Madonna im Schlaf des auf Vollendung versessenen Künstlers. Müller begann, Wackenroders Erzählung von Raffaels Traum (nun der Grundtext über Inspiration) immer mehr nachzuleben. »Die Erhabenheit des Urbildes zu fassen«, war »sein einziger Tag- und Nachtgedanke«.[107] Er wurde allmählich verrückt; die Himmelskönigin besuchte ihn im Schlaf und versprach ihm Wunderkräfte. Sie zehrte ihn wie ein Vampyr aus. Er aß nichts mehr, »um zu einer vollendeten Entkörperung zu gelangen«, und sprang schließlich aus dem Fenster des »Irrenhauses Dr. P. bei Pirna«, wähnend, »daß er in freier Luft nicht falle, sondern unter himmlischem Beistande emporschweben werde«.[108] Der erste Abzug seines Stiches kam rechtzeitig zum Begräbnis und wurde an die Bahre gehängt. Während der Zwang zum Hauptwerk, zum Ideal Danneckers Erben tötete, schwang sich Ariadne darüber zum Weltruhm auf.

Dionysos' Wiederkehr. – Auf Delos wurde 1932 ein herrliches Mosaik aus hellenistischer Zeit, wahrscheinlich aus syrischer Werkstatt, gefunden *(Abb. 60)*[109]: Ein Glück für Dannecker, daß er es nicht kennen konnte. Hier ist kein Gott zum »derben Weib« gezähmt. Sondern das Zwischengeschlechtliche des Dionysos strahlt (verschmelzend den peinlichen Zauber eines kleinasiatischen Tempelprostituierten mit dem grausamen Glanz des Gottes in Euripides' »Bakchen«) eine so lockend-verwirrende Macht aus, daß die guten französischen Gelehrten das Haus, in dem sie auf das Bild stießen, weder nach dem Gott noch aber nach einer Mänade zu benennen wagten. Es heißt jetzt aus Verlegenheit: »Haus der Masken«. Statt Dionysos zum Kunstsymbol zu verallgemeinern und zur Domina zu privatisieren, wird hier sein Hermaphroditentum als das zugleich

59 *Ariadne auf dem Panther. Umrißstich von Chr. Fr. Müller. Aus: Morgenblatt für gebildete Stände, Kunst-Blatt 1; Stuttgart 1817*

60 *Dionysos auf dem Panther. Bodenmosaik, 2. Jahrh. v. Chr. Delos, Haus der Masken*

physisch Allgemeinste und seelisch Geheimste zur Epiphanie gebracht: als die äußerste Überschreitung. Auch gehen Tier und Reiter hier keine verschämt pikante oder angestrengt programmatische Zwangsehe miteinander ein: Sie leben in einem zugleich archaisch rätselhaften und spätzeitlich grellen Bezug, der alle Macht der Mythen und Märchen bewahrt, alles Raffinement des Wissens, Erfahrens dazugewonnen hat. Die Vernichtung des altbekannt modernen Bildes aus Stuttgart durch das neuentdeckt antike Bild auf Delos hat tragische Härte: Die Rache des Dionysos.

Ausgewählte Literatur (in den Anmerkungen abgekürzt zitiert)

Antichità = Delle Antichità di Ercolano, 9 Bände. Neapel, 1757–92.

Baudelaire = Charles Baudelaire, Œuvres complètes (Salon de 1846, S. 597–672; De l'essence du rire, S. 702–720). Paris 1951.

Deleuze = Gilles Deleuze, Présentation de Sacher-Masoch. Paris 1967 (dt. in: Sacher-Masoch, Venus im Pelz. Frankfurt/M. 1968).

Freud II, Freud X = Sigmund Freud, Studienausgabe. Bd. II, Die Traumdeutung; Bd. X, Bildende Kunst und Literatur (Der Wahn und die Träume in Jensens »Gradiva«, S. 9–85; Eine Kindheitserinnerung des Leonardo da Vinci, S. 87–159; Der Dichter und das Phantasieren, S. 169–179). Frankfurt/M. 1982.

Gauss = Ulrike Gauss, J. H. Dannecker, Der Zeichner (Ausstellungs- und Œuvrekatalog). Stuttgart 1987.

Gerlach = Peter Gerlach, Antikenstudien in Zeichnungen klassizistischer Bildhauer. München 1973.

Holst = Christian von Holst, J. H. Dannecker, Der Bildhauer (Ausstellungs- und Œuvrekatalog). Stuttgart 1987.

Kemp = Ellen Kemp, Ariadne auf dem Panther. Liebieghaus, Museum alter Plastik (Ausstellungskatalog). Frankfurt/M. 1979.

Laclos = Choderlos de Laclos, Œuvres complètes (De l'éducation des femmes, S. 427–482). Paris 1951.

Merkur = Ariadne auf dem Panther (Vom Hofbildhauer Dannecker). In: Teutscher Merkur, Januar 1805, S. 152–159.

Morgenblatt = Morgenblatt für gebildete Stände. Stuttgart 1807–1828 (Nrn. 2. 1. 1807; 23. 6. 1808; Kunstblatt 1, 1817).

Moritz = Karl Philipp Moritz, Götterlehre oder Mythologische Dichtungen der Alten. Berlin 1791.

Spemann = Adolf Spemann, Dannecker. Berlin/Stuttgart 1909.

Anmerkungen

1 Spemann hält in seiner großen (und einzigen) Dannecker-Monographie 1909 den Umschwung fest. Die schönen Erinnerungen: »Sie [Ariadne] hat seinen [Danneckers] Ruhm besiegelt und ist an Popularität ohne Rivalen in der neueren Kunst.« Die traurige Gegenwart: »Es ist zur stillschweigenden Konventiòn geworden, die Ariadne mit einem höflichen Achselzucken zu erledigen.« S. 67 f.

2 Morgenblatt, Nr. 150, S. 599; Stuttgart 23. 6. 1808.

3 Spemann, S. 113.

4 Morgenblatt, 23. 6. 1808, S. 598.

5 Morgenblatt, Kunst-Blatt Nr. 1, 1817, S. 4. Aus diesem Artikel (»Danneckers Ariadne. Mit 4 Kupfern: Umrisse nach dieser Gruppe von J. F. W. Müller«) stammen auch die nächsten beiden Zitate (S. 4 und 3).

6 Vgl. Gerlach, S. 27–42, 118–134; Kemp, S. 11–14; Holst, S. 285 f. Zitate aus Kemp, S. 14 und Gerlach, S. 27 f.

7 Kemp, S. 11 ff., 53. Diese Arbeit verdankt viel dem Quellen- und Bildmaterial, das Ellen Kemp im Ausstellungskatalog anläßlich der Restaurierung der »Ariadne« zusammentrug.

8 Holst, S. 460.

9 Merkur, S. 157 f.

10 Mit der Signatur des Steineschneiders Karpos, den es nie gegeben hat, wurden Fälschungen aus dem 16.–17. Jahrhundert auf-

gewertet. Den »Bacchus und Ariadne« aus der Sammlung Medici bildete schon Stosch in den »Pierres gravées« ab (Taf. 22; Amsterdam 1724). Gori fügte dem eine zweite gefälschte Gemme mit demselben Sujet bei (Gemmae I, Taf. 91). – Das Problem bleibt: Falls Dannecker diese Gemmen (im Stich oder Original) kannte, dann *als antike*. Obwohl sie (bisher unbeachtet) dem Motiv der »Ariadne« nahekommen, denke ich, daß es nicht auf sie zurückgeht.

11 Holst, S. 286.

12 Heute braucht es vier Druckseiten (Friedrich Matz, Ein römisches Meisterwerk, S. 15 ff; Berlin 1958), die erhaltenen »Dionysos auf dem Panther« (gedeutet auch als Löwin, Tiger) auch nur knapp aufzulisten.

13 Kynegetika, IV, 233–319.

14 Merkur, S. 155.

15 Füssli, Allgemeines Künstler-Lexikon; 2. Teil, 1. Abschnitt, S. 159 f.; Zürich 1806.

16 Holst, S. 462. Georg von Scharffenstein (1760–1817) war Schulkamerad Schillers und Danneckers, kluger Kunstkenner, zuletzt General in württembergischen Diensten.

17 Reisebericht an die Mutter vom 4. 5. 1829. In: Jugendbriefe von Robert Schumann, S. 50; Leipzig 1885.

18 Teutscher Merkur 1807, S. 46.

19 Spemann, Anhang S. 132.

20 Scheffauer an Marini; Holst, S. 445.

21 Dannecker an Marini; Spemann, Anhang S. 134 f.

22 Dannecker an den Theologen Oberthür in Würzburg; Spemann, Anhang S. 138. Ein Zusatz von Rapps Hand bezeugt, daß er den Brief gegenlas, wahrscheinlich entworfen hatte.

23 Allgemeine Deutsche Biographie, Art. Rapp, Bd. 27, S. 291; Leipzig 1888. Viel spricht für Holsts Annahme, daß außer den Beiträgen im »Morgenblatt« (ab 1806) Rapp schon vorher, in anderen Zeitschriften, Danneckers Werke anonym gedeutet und gelobt hatte.

24 Spemann, Anhang; S. 51.

25 Holst, S. 461 f.

26 Danneckers Schüler und Helfer Th. Wagner sagte, »ohne seinen Rapp« hätte Dannecker keine Ariadne geschaffen. ADB, a.a.O.

27 Merkur, S. 157.

28 Merkur, S. 154.

29 Holst, S. 461: Danneckers Bittschrift 9. 9. 1803 an Staatsminister von Wintzigeroda, das lebensgroße Modell der Gruppe von Hofstukkateur Mack ausgießen zu lassen.

30 17. 7. 1816 aus Frankfurt. In: Wilhelm und Caroline von Humboldt in ihren Briefen, Bd. 5, S. 288; Berlin 1906–16.

31 Immermann, Werke in fünf Bänden (hg. v. Wiese), Bd. 4, S. 24; Frankfurt/M. 1973. »Dea libera« (= freie Göttin) spielt mit dem Namen des altrömischen Wachstumgottes Liber, der später mit Dionysos/Bacchus gleichgesetzt wurde.

32 Merkur, S. 158.

33 Gert Schiff, Johann Heinrich Füssli; Bd. I, S. 39 f. (Kat. Nr. 239); Zürich/München 1973. Füssli gab seine lavierten Federzeichnungen von 1757–59 als Kopien aus einem Narrenbuch »mit den Farcen von Rudolf und Conrad Meyern und Gottfried Stadlern, 1640« aus.

34 Goethe, der die »Ariadne« bespöttelte (vgl. Anm. 37), hielt ihr als dogmatischer Klassizist nur den fragwürdigen Vorzug zugute (den der Bozzetto nicht hatte), »daß [die »Katze«] still steht und nicht mit dem artigen Kinde davonläuft, denn das würde die Anschauung sehr stören.« (Gespräch mit der Fürstin Hohenzollern 1823; Gedenkausgabe, Bd. 23, S. 272; Zürich 1966)

35 Merkur, S. 154.

36 Merkur, S. 154. Mérimées männermordendes Standbild Venus von Ille trägt den Wahlspruch »Cave amantem«: Hüte dich,

wenn ich dich liebe! Die Librettisten von »Carmen« setzten das in Verse (Refrain der Habanera): »Si je t'aime, prends garde pour toi!« – Zum Medusahaupt und -mund vgl. Freuds nachgelassenen Entwurf (Gesammelte Werke, Bd. 17); ausführlich J. Chasseguet-Smirgel, Die weiblichen Schuldgefühle, in: Psychoanalyse der weiblichen Sexualität; Frankfurt/M. 1974. – Zum Schoß als verschlingendem Mund, Schlund vgl. Erich Neumann, Die Große Mutter, S. 147–200; Zürich 1956. Über die Göttin Kali heißt es: »Die schreckliche Natur des Weiblichen tritt einmal auf, indem *sie selber das schreckliche Tier* ist, oder aber indem es zum *Begleittier* wird, *das sie beherrscht*. So ist sie, wie in Indien, die Tigerin, oder der Tiger ist ihr Reittier« (S. 178).

37 Holst, S. 286; Spemann, S. 72. Dazu Kemp, S. 40 mit dem boshaften Goethe-Zitat vom »artigen, angenehmen Figürchen« »auf ihrem Hunde« oder »gar auf einer Katze« (Gedenkausgabe, Bd. 23, S. 272; Zürich 1966).

38 Antichità, Bd. 7, Taf. 25; Neapel 1779.

39 Die Zeichnungen alter Meister im Berliner Kupferstichkabinett: H. Mielke und M. Winner, Peter Paul Rubens, Kritischer Katalog der Zeichnungen; Berlin 1977. Unter Nr. 8 (S. 41 ff.) stehen Angaben zu allen drei Zeichnungen (die dritte im Rijksmuseum Amsterdam).

40 Spemann, Anhang, S. 48.

41 Holst, S. 462. Holsts Versehen, diese von ihm entdeckte (bis heute beste) Kritik der Statue sei ein »undatiertes Aufsatzkonzept« von 1804–10, läßt sich berichtigen: Sie ist das Konzept für den Brief an Dannecker vom 7. 3. 1810 (s. Anm. 40), der aus dem »ersten Totaleindruck« den harten Vorschlag folgert, die Tierfigur zu vergrößern oder, wenn der bestellte Marmorblock dafür nicht reiche, die ganze Komposition zu ändern. Scharffenstein mischte dann im abgesandten Brief seiner scharfsinnigen Analyse viel Gutes, Anerkennendes bei – keine Zustimmung im Ganzen.

42 Antonio Spinosa, Paolina Bonaparte, S. 127; Milano 1979. Dennoch beruhigt Cicognara die Nachwelt in seinem offiziösen Canova-Werkverzeichnis (1816): Es handle sich um eine »Statue der Venus Victrix, liegend, *auf deren Gesicht* die Fürstin Paolina Borghese porträtiert ist«.

43 Spemann, S. 20. Zu Canovas »Jungfräulichkeit des Herzens«, ja »Heiligkeit des Lebenswandels« (Missirini 1824) hat R. Zeitler verblüffende Dokumente gesammelt (Klassizismus und Utopia, S. 251 ff.; Stockholm 1954).

44 »Ätherisches Götterbett« nannte der Musiker und Publizist J. F. Reichardt das Bett in Juliettes Schlafzimmer: »alles wie hingehaucht« (Vertraute Briefe aus Paris geschrieben in den Jahren 1802 und 1803, 1. Teil, S. 223; Hamburg 1804). »Wollüstige Hingelehntheit« verband Goethe mit »gewissen Idiosynkrasien«, »Liebhabereien« Füsslis in Frauendarstellungen (Gedenkausgabe, Bd. 13, S. 120; Zürich 1949). Kühl mied Goethe jeden verketzernden Begriff des Widernatürlichen (Perversen).

45 Die Pantherbetten dienten den Ägyptern wohl nur als Grabbeigaben, nicht als Gebrauchsobjekte. Die Römer versahen die Auflager ihrer Ruhebetten, »fulcrum« genannt, mit Pferde-, Maultier-, Esels-, also Tragtierköpfen. Offenbar gelüstete es erst Napoleon und seine Unteroffizier-Marschälle, auf Löwen zu speisen, zu schlafen.

46 Laut Missirini ruht Paolina »als siegreiche Venus voller Stolz, den Apfel der Schönheit errungen zu haben, *auf ihrem Bett wie auf dem Thron ihrer Triumphe*« (Della vita di Antonio Canova, S. 173; 3. erw. Ausg., Mailand 1825).

47 Baudelaire, S. 639 (Salon de 1846). Malraux, Saturne – Essai sur Goya, S. 68; Paris 1950.

48 Die Deutung der »Mme Récamier« als Rückenporträt, der Vergleich mit Ingres' Odaliske stammen von Th. Gautier (La Presse,

27.7.1850). Ihm folgen Rosenblum (Ingres; London 1967), Radius/Camesasca (L'opera completa di Ingres; Milano 1968). Analog für das Brunhild-Blatt: Schiff, Füssli, Bd. 1, S. 318. Gegen beide Ableitungen ist Zweifel angebracht.

49 Merkur, S. 156.

50 Morgenblatt, 23. 6. 1808. Bericht über Danneckers Hausweihe-Party in seinem neuen eleganten Wohnhaus/Atelier/Museum schräg gegenüber dem Neuen Schloß.

51 Spemann, Anhang; S. 166.

52 Gedicht der Attitüdekünstlerin Elise Bürger (s. Anm. 3).

53 Olaf Gulbransson. Ausstellungskatalog Germanisches Nationalmuseum, S. 69; München 1980. Bavaria rächt sich für eine abschätzige Äußerung des Reichskanzlers über die Bayern. Gulbransson nahm die Fehlleistung seines Spezis beim Wort: Er montierte die »Ariadne« so um, daß beim Tier die Schnauze, bei der Frau aber der Hintern die Hauptansicht ist. Ähnliche frühere Bewertungen ließen sich anführen: Wenn Immermann die »gesunde Sinnlichkeit, die in dem Werke atmet«, lobt, fügt er hinzu: »Besonders gefielen mir die Linien, welche die Rückenansicht darbietet« (vgl. Anm. 31). Schadow würdigt im Ariadneum zugleich den »Drehstuhl« und die bordellartigen Lichteffekte: Das »Meisterstück« werde »von allen Seiten dargeboten und durch einen rosafarbenen Vorhang in zweierlei Beleuchtung gezeigt« (Kunst-Werke und Kunst-Ansichten, Berlin 1849; S. 295).

54 Kaum einem bedeutenden Sofa-Porträt um 1800 blieb der Verdacht erspart, eigentlich Rückenporträt zu sein. Auch Canovas Paolina war drehbar. Beim sonst geistreich canovakritischen Fernow löste das einen Anfall von Wut und Blindheit aus (Römische Studien I, S. 228; Zürich 1806): »Eine Statue der Prinzessin B. halb nackt, so daß man die Hinterteile bloß sieht... Dieses Portrait all'antica gab den kunstliebenden Abaten einiges Ärgernis, und einer derselben nannte sie eine ›Venus victrix victa‹, die auf der Wahlstatt liegengeblieben.« Nicht nur biedert sich Fernow mit dem Titelzusatz »victa« kalauernd dem deutschen Zotenfreund an. Sondern ihm passiert (wie dann Thoma) eine Wunsch- oder Abwehrhalluzination: Canova hat nämlich Paolinas »Hinterteile« dezent überdrapiert. – Wir bilden uns heute Tabufreiheit ein. Doch Wohnungsinserate kennen nur noch »Rückgebäude« (gar »Gartengebäude«), keine »Hinterhäuser« mehr; und selbst unser technisches Alltagsvokabular ersetzt gern jede »hintere« mit einer »rückwärtigen« Zuleitung, Deckplatte usw.

55 Archäologische Hefte, oder Abbildungen zur Erläuterung des classischen Altertums, hg. von C. A. Böttiger und H. Meyer, 1. Teil; Weimar 1801. (Die Fehlanzeige bei Kemp, S. 30 f., Holst, S. 286 f.).

56 Die antiken Sarkophagreliefs, Teil 5, I: Andreas Rumpf, Die Meerwesen auf den antiken Sarkophagreliefs, S. 31; Berlin 1939. Gerlach (S. 122 f.) war da, wie bei manchen anderen Aspekten der »Ariadne«, auf der richtigen Spur.

57 Oppian, Halieutika, V, 30.

58 Holst, S. 287 Anm. 4: »Man wird David d'Angers' Äußerung wohl übergehen dürfen.« Der spitzzüngige Kollegenneid des Franzosen (Henry Jouin, David d'Angers. Sa vie, son oeuvre, ses écrits et ses contemporains, Bd. 2, S. 160 f.; Paris 1878) bewog die deutsche Forschung, an Danneckers Vorbildlosigkeit erst recht festzuhalten. Praktiker wußten es anders. Als beim schlesisch-berlinischen Bildhauer Theodor Kalide sein neureicher Schwager 1844 »etwas Ähnliches wie die Ariadne« bestellte, war es jenem klar, daß die Nereide zu Danneckers Motivgeschichte gehörte: Er vermengte nochmals die beiden Gestalten zu einer »Bacchantin, die ihren Panther mit Wein tränkt« (Berlin, Nationalgalerie).

59 Moritz und Scheffauer wohnten beide in der »strada Babuina«,

Dannecker gleich um die Ecke, in der via della Croce. Die Wirkungen von Moritz' »Götterlehre« auf Danneckers »Parzen« und »Grazien« hat Holst (S. 174, 190, 212, 217, 220) überzeugend aufgespürt.

60 Moritz, S. 177.

61 Schumanns »Ariadne«-Deutung, vgl. Anm. 17.

62 Moritz' selbstbefreiender heidnisch-antichristlicher Affekt, den man auch aus autobiographisch Erzählendem kennt, spricht mit Entschlossenheit: »Diese höhern Mächte sind nichts weniger als moralische Wesen. Die Macht ist immer bei ihnen der Hauptbegriff, dem alles übrige untergeordnet ist.« (Moritz, S. 7).

63 »Götterlehre in rein menschlichem Sinne«: so Goethe über Moritz' Projekt in: Italienische Reise, August 1787. Gedenkausgabe Bd. 11, S. 431; Zürich 1962.

64 Moritz, Kapitel »Bacchus« (S. 167–178), wie auch das vorhergehende und folgende Zitat. – In engster Entsprechung dazu gestand Goethe seine Angst vor dem Dionysischen, sogar in dessen »unwirklicher« Kunstform. Ohne Selbstschonung bekennt er seine Selbstschonung: den Zweifel, »ob ich eine wahre Tragödie schreiben könnte, ich erschrecke aber bloß vor dem Unternehmen und bin beinahe überzeugt, daß ich mich durch den bloßen Versuch zerstören könnte.« (Brief an Schiller, 9. 12. 1797).

65 So auch die Deutung der Parzen bei Dannecker, »ganz im Geiste der alten Dichtung, die auch das Furchtbarste in angenehme Bilder verhüllte« (Journal des Luxus und der Moden, 1792 – geschrieben wohl von Heinrich Rapp; Holst, S. 174). Aber der Ansatz dazu schon bei Moritz: »Die Parzen bezeichnen die furchtbare, schreckliche Macht... und sind doch weiblich und schön gebildet.« (Lessings »Tod«-Aufsatz wirkt nach, seine sensenmannfeindlich unchristliche Spitze jedesmal etwas mehr abgestumpft.)

66 Laclos, S. 427, 429, 431, 457; Paris 1951. Laclos' zwei große Fragmente des »Education«-Projekts wurden erst 1903 publiziert.

67 Baudelaire, S. 988 f. (Notizen über Les liaisons dangereuses).

68 Laclos, S. 460.

69 Laclos, S. 200, 199.

70 Laclos, S. 459 f.

71 Die haarsträubend »humane« Umfunktionierung der Ariadne-Figur in Herders »Ariadne Libera« (entstanden im Bozzetto-Jahr 1803) wird von Kemp (S. 28) genau, aber unkritisch beschrieben. Mit zwanzigjähriger Verspätung machte Herder Goethes »Iphigenie« nach, füllte dabei Pfarrersprosa ins Griechenversmaß. Während aber dort Iphigenie der Zivilisationslist Pylades' nicht weniger Verzicht abverlangt hat als der Barbarenleidenschaft Thoas', fesselt Ariadne hier alle Triebgewalt des Dionysos selbst in einen bieder bürgerlichen Ehebund. Der Mänadenchor kann am Schluß pensioniert werden: »Fortan/ Ist aus für euch die alte Taumelzeit.«

72 Kritik der Urteilskraft, § 5 und § 42.

73 Schinkel, Gedanken zur Baukunst, S. 192 in: Briefe, Tagebücher, Gedanken, hg. Mackowsky; Berlin 1922.

74 Daß die Französische Revolution sich weigerte, Laclos' »Große Revolution« der Frauen zu werden, bildet ein wichtiges Kapitel in der Geschichte des westeuropäischen Bürgertums. Nicht bloß von den Königstreuen, sondern prompt auch von den Jakobinern wurde Laclos als Amoralist, der »böse Geist« der Herzogs von Orléans verflucht. Die radikalen Frauenklubs der Revolution wurden im Namen der »natürlichen Ordnung« aufgelöst, ihre Führerinnen verhaftet: nicht nach dem Thermidor, schon in der Schreckensherrschaft. – Die Revolution von 1789–94 war wohl nur zwei Tage lang die Revolution der Frauen: an den »journées« vom 5. und 6. Oktober 1789. 6000 Bürger- und Arbeiterweiber, von 200 Männern gefolgt, holten die Königsfamilie und die Na-

tionalversammlung aus Versailles nach Paris. Laclos' Laufbahn kam an diesen beiden Tagen (ob in Wahrheit oder in der Legende) zu ihrem großartig bizarren Höhepunkt: »Jean Péletier, Händler in Paris, sagte vorm Untersuchungsausschuß im Châtelet aus: Er habe gehört, daß Laclos am 6. Oktober als Frau verkleidet den Teil des Volkes anführte, der in das Schloß eindrang. Graf d'Arsac de Ternay sagte aus, daß er ihn am Abend des 5. in einem langen braunen Kleid erkannt hatte mitten in den ersten Weiberscharen, die aus Paris angekommen waren.« (Biographie moderne, Art. Laclos; 3. Aufl., Leipzig 1807).

75 Derweil verkommt die Nacktheit der Männer, nur als »heroische« geduldet, zu einer Posse der Prätention. Napoleon verzichtete darauf, sein »heroisch-nacktes« Standbild von Canova (wie beim Auftrag beabsichtigt) auf Italiens Marktplätzen aufstellen zu lassen – aus Furcht, daß sich die Italiener über ihn kaputtlachen würden.

76 Laclos, S. 441.

77 Mérimée, Romans et nouvelles, S. 446; Paris 1951.

78 Rapp, Danneckers Ariadne (Morgenblatt, Kunst-Blatt 1., 1817; S. 3).

79 Erst mit Heinrich Manns »Die Göttinnen« (1903) wird die Statue die Romane und Erzählungen wieder verlassen – vielleicht weil die Bildhauerei seit Rodin, Maillol das große Frauenbild wieder leisten kann. (Nachgeliefert haben Ogden Nash/Kurt Weill 1943 das Musical »One Touch of Venus«.) – Dem Motiv der rächenden antiken Statue in der Ära bourgeoiser Lieblosigkeit, Gewinnsucht, Enge ging ich, ohne Kenntnis dieser spätesten Varianten, im Essay »Gespenster und Wirklichkeiten« nach (Neue Rundschau, S. 419 ff.; Frankfurt/M. 1957).

80 Auch Einer, Bd. 2, S. 144, 150, 159, 171, 172, 178. Stuttgart 1879.

81 Baudelaire, S. 95 (Les Fleurs du Mal). »Gern hätte ich vor Zeiten, als die Natur in mächtigen Entwürfen mit jenem neuen Tag ungeheure Kinder schuf, mein Leben hingebracht bei einer jungen Riesin, wie eine wollüstige Katze zu Füßen einer Königin« (Übers. Friedhelm Kemp). Was ist Danneckers Panther gegen diesen »chat voluptueux«?

82 Baudelaire, S. 663 (Salon de 1846).

83 Freud X, S. 173 f.

84 Freud X, S. 176.

85 Moritz, S. 178.

86 a.a.O. Lehrreich, Lipperts Auslegung (dreißig Jahre davor) in ihrer noch anakreontischen Arglosigkeit dagegenzuhalten: »Was kann dieses wohl anders, als die artigste Allegorie sein, daß Wein und Liebe alles bezwingen?« Philipp Daniel Lippert, Dacktyliothek. Erstes Mythologisches Tausend; S. 159. Leipzig 1767.

87 Der Begleittext, den wir im folgenden zitieren: S. 5–6. In einem Brief vom 12. 12. 1806 erinnerte Rapp den Verleger Cotta daran, er habe sich bei der Gründung des Blattes »ausbedungen, daß man [ihm] einstweilen das Kunstfach überlasse« (Cotta-Archiv im Schiller-Nationalmuseum, Marbach). Er gab Danneckers Stiche in Auftrag, ohne Cotta zu fragen.

88 Morgenblatt, 2. 1. 1807; S. 6.

89 Die rollenbesetzte Herrin fragt den regieführenden Sklaven: »Sie wollen ja phantastische Toilette, also muß das ganze vorbereitet werden, oder ist ein Pelz genug?« Aus dem Tagebuch L. Sacher-Masochs, in: C. F. von Schlichtegroll, »Wanda« ohne Maske und Pelz; S. 60. Leipzig 1906.

90 Aus Sacher-Masochs Vertrag mit Fanny Pistor vom 8. 12. 1869 in: Venus im Pelz; Anhang I, S. 139; Frankfurt/M. 1980.

91 Morgenblatt, 2. 1. 1807; S. 6.

92 Morgenblatt, 23. 6. 1808; S. 598.

93 Morgenblatt, 2. 1. 1807; S. 5.

94 Menschliches, Allzumenschliches I, 155. Erst als Nietzsche seine Zeit nicht mehr zu richten, sondern zu erfüllen sich vornahm –

mit »Zarathustra« begann er, statt die fremde Inspirationsanmaßung zu entlarven, die eigene zu verherrlichen.

95 Morgenblatt, 2. 1. 1807; S. 5.

96 Freud II, S. 356.

97 Freud II, S. 385 f.

98 Baudelaire, S. 710. Der Essay von 1855 heißt: »Über das Wesen des Lachens – und allgemein: Über das Komische in den bildenden Künsten.«

99 »Baron Munchausen's Narrative of his Marvellous Travels« war 1785 in Oxford erschienen (vor und als Grundlage von G. A. Bürgers berühmterer Fassung): gesammelt vom Kasseler Emigranten R. E. Raspe.

100 Baudelaire, S. 745. Goyas Entdecker für Europa, Théophile Gautier, nennt ihn einen »Karikaturisten mangels eines besseren Namens« (in: »Le Cabinet de l'Amateur et de l'Antiquaire«, I, S. 341; 1842). Baudelaire preist ihn im Aufsatz »Über einige ausländische Karikaturisten« (1857). Eben das Traumhafte bei Goya unterscheide, so Baudelaire, die Kunst- von der bloßen Tageskarikatur.

101 Bibliothèque Nationale, Cabinet d'Estampes; Lequeu-Nachlaß.

102 Freud X, S. 87–159.

103 Als Karikaturist für »Le Rire« begann Duchamp seine Laufbahn. Sein erstes Gemälde, das der Grenze zum Überrealen nahekam (Porträt Dumouchel, 1907), nannte er im Rückblick eine »bewußte Entstellung«, »fast eine Karikatur«.

104 Teutscher Merkur, S. 157; Spemann, Anhang S. 48.

105 Nachruf in: Morgenblatt, 21. 5. 1816 (Kunstblatt Nr. 7, S. 25).

106 Wölfflin, Die klassische Kunst, S. 133; München 1922.

107 Nagler, Neues allgemeines Künstler-Lexikon, Bd. 22, S. 66; München 1835–52. Die entsprechende Stelle bei Wackenroder (auf Raffael bezogen): »In Gedanken habe sein Gemüt beständig an ihrem Bilde, Tag und Nacht, gearbeitet«, mit dem Wunsch, »die Jungfrau Maria recht in ihrer himmlischen Vollkommenheit zu malen.« (Werke und Briefe, S. 14; Berlin 1938). Die Parallele setzt sich fort in Müllers nächtlichen Sixtina-Visionen, von denen W. v. Kügelgen (Jugenderinnerungen eines alten Mannes, Teil 4, Kap. 6) frappierend berichtet.

108 Allgemeine Deutsche Biographie, Bd. 22, S. 620; Leipzig 1880.

109 Exploration archéologique de Délos. Bd. 14: Les mosaïques de la Maison des Masques. Paris 1933.

Danneckers Lebensdaten, Geschichte der »Ariadne«

1758 Johann Heinrich Dannecker am 15. Oktober in Stuttgart geboren. Der Vater ist Stallknecht in herzoglich württembergischen Diensten.

1771 Aufnahme in die Militärische Pflanzschule (ab 1782 »Hohe Carlsschule«) auf der Solitude. Unter den Mitschülern sind der spätere Maler Hetsch, der Bildhauer Scheffauer, der Dichter Schiller, der Naturforscher Cuvier.

1780 Scheffauer und Dannecker zu Hofbildhauern ernannt. Sie verpflichten sich, lebenslang dem Fürstenhaus zu dienen.

1783 Weiterbildung bei Pajou in Paris (zwei Jahre).

1785 Aufenthalt in Rom (vier Jahre), Freundschaft mit den Bildhauern Trippel, Canova, Bekanntschaft mit Karl Philipp Moritz.

1790 Rückkehr nach Stuttgart. Heirat mit Heinrike Rapp, deren Bruder Heinrich Rapp D.s engster Freund und Berater wird. Wenige Kunstaufträge des Herrscherhauses; kleinformatige Werke, z. T. nur Entwürfe.

1797 Thronantritt Herzog (ab 1805 König) Friedrichs. Wachsender Ruf als Porträtbildhauer (in diesen Jahren: Büsten Schillers, Lavaters, Zeppelins, Friedrichs).

1803 Bozzetto der »Ariadne«.

1804 Erstes Gipsmodell der »Ariadne«, Beginn ihres zunächst deutschen, dann europäischen Ruhms. (Zweites Gipsmodell mit veränderter Armhaltung um 1805–07.)

1805 Reise nach Paris, um für Kronprinz Wilhelm Gipsabgüsse antiker Statuen (die berühmtesten standen als Kriegsbeute im Louvre) zu erwerben. »Dannecker's Traum«

wird gezeichnet und von J. F. W. Müller gestochen.

1808 Einweihung des neuen Wohnhauses/Ateliers/Ausstellungsraumes auf dem Schloßplatz in Stuttgart. Hier werden etwa Canova, Pestalozzi, Alexander I. von Rußland die »Ariadne« bewundern. Ruf nach München, Ablehnung durch König Friedrich.

1814 Vollendung der »Ariadne« in Marmor für den Frankfurter Bankier v. Bethmann. Das Projekt für ein Denkmal der Völkerschlacht kommt nicht zustande.

1815 Nachlassen der künstlerischen Kräfte. Studien für eine Christus-Statue. Besuch Canovas.

1816 Transport der »Ariadne« nach Frankfurt/M., in Bethmanns neu erbautes Museum. Müllers vier »Ariadne«-Umrißstiche erscheinen im »Morgenblatt«.

1823 Tod der Gattin Heinrike. Wiederverheiratung mit seinem 26jährigen Dienstmädchen Friederike Kolb.

1829 Erkrankung, danach Arbeitsunfähigkeit, geistiger Verfall. Eröffnung der lange geplanten Stuttgarter Kunstschule, die D. nur noch dem Titel nach leiten kann.

1841 Besuch Thorvaldsens. Tod am 8. Dez.

1856 Umzug der »Ariadne« ins neu erbaute Bethmannsche »Ariadneum«.

1943 Brand des »Ariadneum« beim Bombenangriff auf Frankfurt/M. am 4. Oktober. Glieder der Ariadne, Kopf des Panthers abgeschlagen; durch das Feuer große Teile des Marmors in Kalkbrocken verwandelt.

1948 Restaurierung, ab Februar 1979 Ausstellung im Museum alter Plastik (Liebieghaus), Frankfurt/M.

1979 Ausstellung des (fast) Gesamtwerks von Dannecker in der Staatsgalerie Stuttgart; Herausgabe der beiden Œuvrekataloge der Skulpturen und der Handzeichnungen.

Werke Danneckers in deutschen Museen (Auswahl)

Frankfurt am Main, Liebieghaus, Museum alter Plastik
Ariadne auf dem Panther; Marmorfassung 1804–14
Stuttgart, Staatsgalerie
Ariadne auf dem Panther; Tonskizze 1803
Drei Grazien und Amor, 1795
Drei Parzen als Uhrgehäuse; Tonskizze 1791, Gips 1795
Liegende Sappho, 1797–1802
Weimar, Kunstsammlungen
Büste Schiller, 1794

Abbildungsnachweis

Berlin, Archiv für Kunst und Geschichte (© VG Bild-Kunst, Bonn 1993) 48
Berlin, Staatliche Museen zu Berlin, Kupferstichkabinett 30 (Foto: Jörg P. Anders)
Frankfurt/Main, Historisches Museum 4, 5, 14 (Fotos: Ursula Edelmann), Umschlagrückseite
Frankfurt am Main, Liebieghaus, Museum alter Plastik (Fotos: Ursula Edelmann) Umschlagvorderseite, 7, 15, 41, Zusatzabbildung auf S. 81 und S. 85, Falttafel 3 und 4
London, British Museum 31, 56
London, The National Gallery 46, 47
London, Victoria and Albert Museum 23, 28
Ludwigsburg, Städtisches Museum 1
Madrid, Museo del Prado 36
Neapel, Soprintendenza Archeologica delle Province di Napoli e Caserta 53
Nottingham, City of Nottingham Museums, Castle Museum, Art Gallery 26, 38
Paris, Bibliothèque Nationale 57
Paris, Service photographique de la Réunion des musées nationaux (© Photo R. M. N.) 33, 39
Stuttgart, Staatsgalerie Frontispiz, 8, 16–21, 29, 44, 52, Falttafel 1 und 2 (Fotos: Ursula Edelmann)
Stuttgart, Württembergische Landesbibliothek 11–13, 22, 45, 50, 51, 59, 60

Alle anderen Abbildungen stammen aus dem Archiv des Autors.